Soda

Méthode de français 2

Bruno Mègre
Lucile Chapiro
Dorothée Dupleix
Mélanie Monier
Nelly Mous

CLE
INTERNATIONAL

www.cle-inter.com

Directrice éditoriale : Béatrice Rego
Édition : Virginie Poitrasson, Charline Heid-Hollaender
Révision : Estelle Jelen
Marketing : Thierry Lucas
Conception graphique : Miz'en page
Couverture : Miz' en page / Dagmar Stahringer
Mise en pages : Vincent Rossi, Isabelle Vacher
Iconographie : Danièle Portaz
Illustrations : Lucia Miranda
Cartographie : Fernando San Martin
Enregistrements : Studio Bund, Quali'sons
Vidéos : BAZ

Avant-propos

SODA est une méthode spécialement conçue pour les grands adolescents. Nous avons souhaité leur proposer un manuel témoin de leur temps qui soit aussi une vitrine des jeunes Français aujourd'hui. Les unités de **SODA 2** s'articulent donc autour de thématiques très actuelles, tout à fait intégrées au quotidien des grands adolescents, et qui sont représentatives des centres d'intérêt d'une majorité de jeunes en France et dans d'autres pays francophones.

Les apprenants doivent être acteurs de leur apprentissage, c'est pour cela que nous leur demandons de transposer en français ce qu'ils savent faire dans leur quotidien et dans leur environnement.

Les activités et les tâches proposées dans **SODA 2** ont ainsi été conçues pour contribuer à la motivation des jeunes pour apprendre le français. Toutefois, au-delà des aspects contemporains de cette méthode, les raisons de vouloir maîtriser le français sont, bien sûr, nombreuses : le désir de parler français, l'envie de voyager, d'étudier ou de travailler en France ou dans un pays francophone en constituent quelques exemples. Nous croyons qu'il est important de s'adresser à tous les jeunes apprenants de français, quels que soient leur cadre d'apprentissage et leurs raisons réelles de maîtriser cette langue.

Sur le plan méthodologique, **SODA 2** est organisé autour des composantes linguistiques, sociolinguistiques et pragmatiques définies par le *Cadre européen commun de référence pour les langues* (niveau visé : B1).

Les unités s'ouvrent sur des pages de compréhension orale et écrite ; les différents éléments introduits sont ensuite renforcés dans des pages consacrées au lexique, à la phonétique et à la grammaire, puis réemployés sous forme de tâches. S'ajoutent, enfin, des activités langagières de production orale et écrite. Des pages de civilisation, en lien avec la thématique générale, complètent chaque unité, ainsi qu'une préparation aux épreuves du DELF et une page de tests (auto-évaluation en vocabulaire et grammaire).

Le livre de l'élève est accompagné d'un cahier d'activités particulièrement riche, permettant de fixer ses acquis et proposant également un entraînement au DELF et un portfolio. Deux niveaux de difficulté sont systématiquement proposés dans les exercices.

Enfin, ressource complémentaire pour les enseignants, le guide pédagogique contient, outre les développements correspondant à chacune des unités du livre et du cahier, un fichier d'évaluations complémentaires, organisées en deux niveaux de difficulté.

Vous constaterez que l'ère du numérique a une place importante dans **SODA 2**, que ce soit dans les thématiques ou dans les supports. Nous proposons ainsi aux élèves des thèmes liés aux technologies et aux moyens actuels de communication, et nous les invitons à interagir en français comme ils le font dans leur langue maternelle ou usuelle.

La version numérique pour tableau blanc interactif et les autres moyens mis à disposition des apprenants et des enseignants (vidéo, audio) font de **SODA 2** une méthode complète et contemporaine, qui saura, nous l'espérons, vous intéresser et vous faire progresser rapidement.

Nous vous souhaitons de très bons moments avec **SODA 2**.

Les auteurs

Table**a**u des contenus

Thème - Lexique	Objectifs de communication	Grammaire - Conjugaison	
Unité 0 : Des vacances géniales			
Les vacances, les loisirs Les centres d'intérêt	Se présenter Décrire ses intérêts Raconter ses vacances Donner son emploi du temps	Le passé récent Le futur Les comparatifs Les prépositions de lieu	
Unité 1 : Culture jeune			
La musique actuelle francophone Différents styles de musique (RnB, hip-hop, rap, rock...) et leur évolution Les looks La haute couture et les créateurs français	Exprimer des opinions Dire si l'on aime ou l'on n'aime pas Commenter une chanson	Révision des temps du passé L'accord des participes passés L'impératif des verbes pronominaux Les pronoms relatifs *qui* et *que* Les pronoms possessifs	
Unité 2 : Engage-toi !			
Les lois dans divers pays Les droits La diversité culturelle des pays francophones Les thèmes importants pour les jeunes d'aujourd'hui (le chômage, la liberté de la presse, l'usage des données personnelles sur Internet, la lutte contre le racisme...)	Exprimer l'interdiction Exprimer la possibilité, la permission Donner des explications	Passé composé/imparfait (révision) Les pronoms relatifs *dont* et *où* Le discours rapporté au présent et au passé La proposition incise	
Unité 3 : Gourmet ou gourmand ?			
La nourriture traditionnelle française : quelques recettes Faire les courses : les marchés traditionnels sur le déclin, les hypermarchés Les problèmes de santé des jeunes Les intolérances alimentaires	Parler de vérités générales Analyser des changements dans la société Avertir	Les expressions de la quantité (le litre, le kilo...) La négation (révision) Le conditionnel présent (révision) Expression de la condition et de l'hypothèse	
Unité 4 : Les médias			
La télé, la radio, la téléréalité, les magazines Internet, les réseaux sociaux Les MP3, les smartphones, l'iPad... L'importance des médias dans notre vie quotidienne	Comprendre l'essentiel d'une émission de radio Comprendre des textes rédigés en langue courante Exprimer son point de vue	Le présent du subjonctif La forme passive L'expression de la conséquence Les pronoms relatifs composés	
Unité 5 : La Terre en danger			
Les menaces environnementales Différents types de paysages (la forêt tropicale, le désert) L'environnement (l'effet de serre, les pôles, la surpêche...) Les combustibles Les solutions possibles pour préserver l'environnement	Donner des conseils Interdire Argumenter ; débattre Prendre position sur un thème et raisonner en argumentant	Les prépositions *à, au, aux, en* Le pronom *y* Les adverbes de manière (révision) Les doubles pronoms L'expression du moyen ou de la manière : le gérondif *sans* + infinitif L'expression de la cause et du but	
Unité 6 : Le monde d'aujourd'hui et de demain			
La révolution des transports : les voitures électriques, Vélib' La télé 3D Le tourisme spatial	Comparer Formuler des hypothèses et spéculer	Le subjonctif dans l'expression des sentiments La mise en relief : *ce que/qui, c'est que/qui, c'est moi qui/que...* L'opposition et la concession : *pourtant, malgré* L'expression de la durée (*pendant/depuis*) et du moment (*dans/il y a*)	
Projet 1			
Faire des recherches sur un(e) chanteur/chanteuse ou un groupe musical, et écrire un dossier sur lui/elle. Inclure une information biographique et une criti~~			
Projet 2			
Réaliser un blog sur un thème politique ou d'actualité en France et le présenter au groupe.			
Projet 3			
Présenter et proposer, en participant à un concours, des moyens de transport écologiques pour le futur qui vont révolutionner le quotidien des gens.			

Culture - Civilisation	Phonétique
Unité 0 : Des vacances géniales	
La francophonie (Nord et Sud)	[u] [y]
Unité 1 : Culture jeune	
La mode et les tendances musicales	[s] / [z] [ɔ̃] [ɑ̃] [œ̃] [ɛ̃]
Unité 2 : Engage-toi !	
Les stars qui défendent des causes humanitaires	[e] [ɛ] [ə] [o] [ɔ]
Unité 3 : Gourmet ou gourmand ?	
Spécialités culinaires en France et dans d'autres pays francophones	[g] / [ʃ] [ə] / [e] [s] / [z] [u] / [y]
Unité 4 : Les médias	
La téléréalité	[ɑ̃] / [õ] La prononciation de *plus* : [ply] / [plys] / [plyz] Les liaisons
Unité 5 : La Terre en danger	
Être éco-citoyen en France Des projets futuristes	[b] [v] [f]
Unité 6 : Le monde de demain	
De nouveaux modes de transport : Vélib', Autolib' et l'ETT	[e] / [ɛ] / [œ] / [ø] Les différentes graphies du son [f] [r]

ne de ses œuvres. Présenter son dossier au groupe.

M**O**de d'emploi

Pour vous repérer dans le livre

 Compréhension orale

 Expression orale

 Piste du CD audio

 Compréhension écrite

 Expression écrite

 Interaction orale par paire

 Interaction orale par groupe

Pour comprendre et apprendre

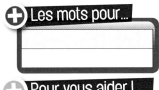 Mots et expressions utiles

 Guide de communication

Ce point de grammaire
est développé dans les annexes
à la page indiquée.

Une séquence vidéo est disponible
sur la version numérique
et sur le DVD-ROM du livre
de l'élève

Le disque accompagnant le livre de l'élève est un DVD-ROM qui contient des ressources audio et vidéo. Vous pouvez l'utiliser :

Sur votre ordinateur (PC ou Mac)
• Pour visualiser la vidéo
• Pour écouter l'audio
• Pour extraire l'audio et le charger sur votre lecteur mp3
  ou pour en graver un CD mp3 ou un CD audio <u>à votre usage strictement personnel</u>

Sur votre lecteur DVD compatible DVD-ROM
• Pour visualiser la vidéo
• Pour écouter l'audio (les pistes apparaissent à l'écran)

Unité 0

Des vacances géniales !

Se présenter

Décrire ses intérêts

Raconter ses vacances

Donner son emploi du temps

Vive la francophonie !

Des francophones célèbres

Légende de la carte :
- Pays ou régions où le français est langue nationale ou maternelle
- Pays où le français est langue officielle ou une des langues officielles
- Pays où le français est langue étrangère privilégiée (à l'école, au collège, au lycée)

1 Observez la carte de la francophonie. Écoutez l'émission de radio puis recopiez et complétez les fiches.

Fiche d'identité (a)

NOM : ...

Prénom : ...

Pays de naissance : ...

Profession : ...

Autres informations : ...

Fiche d'identité (b)

NOM : ...

Prénom : ...

Pays de naissance : ...

Profession : ...

Autres informations : ...

Fiche d'identité (c)

NOM : ...

Prénom : ...

Pays de naissance : ...

Profession : ...

Autres informations : ...

Fiche d'identité (d)

NOM : ...

Prénom : ...

Pays de naissance : ...

Profession : ...

Autres informations : ...

Fiche d'identité (e)

NOM : ...

Prénom : ...

Pays de naissance : ...

Profession : ...

Autres informations : ...

2 À vous ! Connaissez-vous une personne célèbre du monde francophone ? Présentez cette personne. Sinon, cherchez sur Internet et rédigez une présentation de cette personne.

Vive l**a** francophonie !

3 Par deux, jouez à « Qui est-ce ? » À tour de rôle, posez des questions à votre voisin pour deviner qui est son personnage célèbre. Posez des questions avec « Est-ce que », il ne peut répondre que par oui ou par non !
Ex. : Est-ce que c'est un homme ? — Oui !

4 Observez le tableau, lisez l'article et répondez aux questions.

Nombre de locuteurs francophones dans le monde		
Continents	**2010**	**2014**
Europe	88 000 000	100 010 000
Afrique	108 460 000	149 878 000
Amérique et Caraïbes	16 500 000	20 824 000
Moyen Orient	4 400 000	2 466 000
Asie et Océanie	2 640 000	822 000
Total	**220 000 000**	**274 000 000**

La Francophonie regroupe aujourd'hui une population de presque 280 millions de locuteurs francophones appartenant à quelque 80 pays ou régions sur les cinq continents... Quatre-vingt pays et gouvernements, c'est plus du tiers du nombre d'États représentés à l'Assemblée générale des Nations unies.

Le français était la première langue du monde entre le XIIe et le XIVe siècle car la France était le pays alors le plus peuplé d'Europe. Aujourd'hui, les langues les plus parlées sont, dans l'ordre, le chinois, l'anglais, l'espagnol, l'hindi et le français. Le français est aussi la 2e langue apprise comme langue étrangère après l'anglais avec 125 millions d'apprenants. C'est une des langues les plus influentes : 3e langue des affaires, 4e langue d'Internet et 2e langue d'information internationale dans les médias.

Les 10 pays où l'on trouve **le plus de francophones** sont la France métropolitaine, l'Algérie, l'Allemagne, la Belgique, le Cameroun, le Canada, la République démocratique du Congo, la Côte d'Ivoire, le Maroc et le Royaume-Uni.

a Le nombre de francophones a augmenté dans le monde entre 2010 et 2014. Vrai ou faux ? Justifiez.

b Sur quels continents le nombre de francophones a-t-il augmenté ?

c Sur quel continent trouve-t-on le plus de francophones ?

d Combien de pays font partie du monde francophone ?

e À quelle époque le français était la langue la plus parlée ? Pourquoi ?

f À quelle position est aujourd'hui le français dans le classement des langues les plus parlées ?

g Classez par ordre croissant les continents où l'on trouve le plus de locuteurs francophones en 2010 et en 2014.

Qu'aimez-v**o**us faire ?

 Bienvenue sur www.forumado.com. Observez le graphique et lisez les posts des différents ados. Puis répondez aux questions.

▶ Quelles activités pratiques-tu ?

Activité	%
Regarder la télé	98 %
Surfer sur Internet	92 %
Écouter de la musique	90 %
Regarder des DVD	87 %
Aller au cinéma	85 %
Jouer sur une console/un PC	76 %
Faire du sport	72 %
Aller prendre un verre	71 %
Visiter un parc d'attractions	69%
Sortir (bal, disco)	48%
Visiter un musée/une exposition	38%
Aller aux mouvements de jeunesse	34%
Jouer d'un instrument	29%

■ Une grande majorité des jeunes de 10 à 17 ans regarde la télé, va sur Internet, écoute de la musique, regarde des DVD et va au cinéma. Plus de trois quarts des jeunes jouent sur console ou PC (63 % en 2008). Les multimédias jouent un rôle important dans les loisirs des jeunes.

■ Près des trois quarts des jeunes pratiquent un sport (72 %) ; 71 % vont prendre un verre et 69 % visitent un parc d'attractions.

■ Près de la moitié des jeunes fait des sorties et une minorité visite des expositions ou des musées (38 %), fréquente un mouvement de jeunesse (34 %) ou joue d'un instrument de musique (29 %).

Centres d'intérêt des ados de 10 à 17 ans en Belgique en 2009

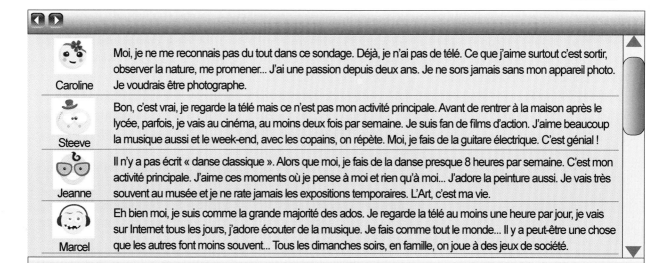

Caroline — Moi, je ne me reconnais pas du tout dans ce sondage. Déjà, je n'ai pas de télé. Ce que j'aime surtout c'est sortir, observer la nature, me promener... J'ai une passion depuis deux ans. Je ne sors jamais sans mon appareil photo. Je voudrais être photographe.

Steeve — Bon, c'est vrai, je regarde la télé mais ce n'est pas mon activité principale. Avant de rentrer à la maison après le lycée, parfois, je vais au cinéma, au moins deux fois par semaine. Je suis fan de films d'action. J'aime beaucoup la musique aussi et le week-end, avec les copains, on répète. Moi, je fais de la guitare électrique. C'est génial !

Jeanne — Il n'y a pas écrit « danse classique ». Alors que moi, je fais de la danse presque 8 heures par semaine. C'est mon activité principale. J'aime ces moments où je pense à moi et rien qu'à moi... J'adore la peinture aussi. Je vais très souvent au musée et je ne rate jamais les expositions temporaires. L'Art, c'est ma vie.

Marcel — Eh bien moi, je suis comme la grande majorité des ados. Je regarde la télé au moins une heure par jour, je vais sur Internet tous les jours, j'adore écouter de la musique. Je fais comme tout le monde... Il y a peut-être une chose que les autres font moins souvent... Tous les dimanches soirs, en famille, on joue à des jeux de société.

ⓐ Quelles sont les trois activités préférées des ados de 10 à 17 ans en Belgique ?
ⓑ Qui de Caroline, Steeve, Jeanne ou Marcel se retrouve dans les activités des jeunes Belges ?
ⓒ Les centres d'intérêt de Caroline correspondent-ils à ceux des jeunes Belges ?
ⓓ Qu'est-ce qu'elle aime faire ? Quelle est sa passion ?
ⓔ Steeve a une activité commune avec celles des ados belges. Que fait-il de particulier pour ses loisirs ?
ⓕ Que fait Jeanne comme activité extrascolaire ? Que fait-elle régulièrement ? Pourquoi dit-elle « l'Art, c'est ma vie » ?
ⓖ Que fait Marcel comme activité différente de celles des ados belges ?

 Et vous ? Écrivez sur le forum pour dire si vous êtes comme les ados belges ou si vous avez des activités différentes.

Qu'aimez-vous faire ?

 3 Sondage dans la classe. Trouvez les noms de ces activités et demandez à vos camarades de les classer par ordre de préférence. Ils peuvent en ajouter d'autres !

 4 Écoutez les ados parler de leurs centres d'intérêt et trouvez les activités de Jys, Anouk, Abdel et Honoré. Pourrez-vous retrouver leur activité cachée ?

ⓐ Jys **ⓑ Anouk** **ⓒ Abdel** **ⓓ Honoré**

① Passer du temps sur Internet ② Chanter ③ Aller au restaurant ④ Aimer les animaux ⑤ Faire du vélo en forêt

⑥ Faire les boutiques ⑦ Jouer de la musique dans les bars ⑧ Regarder la télé ⑨ Faire du cheval

Et alors, ces vacances ?

Observez les documents, puis répondez aux questions.

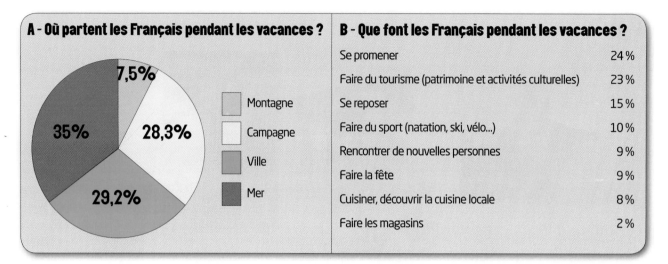

A - Où partent les Français pendant les vacances ?	B - Que font les Français pendant les vacances ?	
7,5%	Se promener	24 %
28,3%	Faire du tourisme (patrimoine et activités culturelles)	23 %
35%	Se reposer	15 %
29,2%	Faire du sport (natation, ski, vélo...)	10 %
☐ Montagne	Rencontrer de nouvelles personnes	9 %
☐ Campagne	Faire la fête	9 %
☐ Ville	Cuisiner, découvrir la cuisine locale	8 %
■ Mer	Faire les magasins	2 %

(a) Quelle est la destination préférée des Français ?
- La montagne
- La campagne
- La ville
- La mer

(b) Qu'est-ce que les Français aiment faire le plus pendant leurs vacances ?

(c) Quel est le pourcentage de Français qui font du sport pendant les vacances ?
- 15 %
- 10 %
- 9 %

(d) Quelle est l'activité que les Français ne pratiquent pas beaucoup pendant leurs congés ?
- Se reposer
- Cuisiner
- Faire les magasins

Et vous ? À l'aide des documents A et B, faites un exposé sur les habitudes en vacances des habitants de votre pays : destination, activités, lieux. Présentez votre travail à la classe.

Interrogez votre voisin sur ses habitudes de vacances.

- La saison : quand part-il/elle ?
- La destination : où part-il/elle ?
- L'hébergement : où est-il/elle hébergé(e) ?
- La durée : combien de temps part-il/elle ?
- Les activités : que fait-il/elle ?

Quelles sont les vacances idéales pour vous ? Où aimeriez-vous partir, avec qui et pour quoi faire ?
Racontez vos vacances idéales en écrivant un texte de 150 mots.

➕ Pour vous aider !
- Découvrir de nouvelles cultures
- Partir à l'autre bout du monde
- Vivre de nouvelles aventures
- Retrouver ses amis

Et alors, ces vacances ?

5 Comparez vos habitudes ! À l'aide des réponses de l'activité 3 et des photos, faites des phrases avec « moins que », « plus que », « autant que ».
Ex. : Pendant mes vacances, je fais moins de sport que mon ami Max.

➕ Les comparatifs

Pour faire une comparaison, on place
« plus », « aussi » ou « moins »
devant un adjectif ou un adverbe et « que »
devant le terme comparé.
Ex. : Paco aime **moins** la mer **que** Maria.
Martine reste au bord de la mer **aussi** long-temps **que** Mirko.
Les vacances de Max sont **plus** sportives **que** celles de Rihanna.

➕ Les mots pour...

parler des destinations de vacances	parler des activités
• La mer / La montagne / La campagne / La ville	• Se promener / Faire du tourisme / Se reposer
parler d'un voyage en avion	• Le patrimoine
• Un vol	• Faire du sport / du ski / du vélo / de la natation
• Une correspondance	• Faire la fête / Faire les magasins
• La douane	• Cuisiner
• Un contrôle de sécurité	• La cuisine locale
• Un comptoir d'enregistrement	
• Embarquer, un embarquement	

6 Écoutez le message et répondez aux questions.

a Où est Juliette actuellement ?
 • À Paris
 • À Bordeaux
 • À Bangkok

b Combien de temps a duré le voyage de Juliette ?
 • 6 heures
 • 7 heures
 • 10 heures

c Où est-ce que l'employé de l'aéroport a emmené Juliette ?
 • Au contrôle de sécurité
 • Au comptoir d'enregistrement
 • À la porte d'embarquement

d Quel problème a eu Juliette pendant son voyage ?

e Pour quelle raison Juliette n'était pas à l'aise quand elle a rencontré son correspondant ?

➕ Le passé récent

Son action se passe juste avant le moment où l'on parle.
Il est surtout employé à l'oral.
Il est formé du verbe **venir conjugué au présent + de + verbe à l'infinitif**.
Ex. : Je **viens de** réserver mes billets.

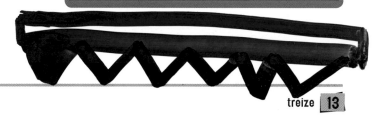

On se **v**oit quand ?

1 Lisez le courriel puis répondez aux questions.

Nouveau message	

Envoyer Discussion Joindre Adresses Polices Couleurs Enr. brouillon   Navigateur de photos Afficher les modèles

À : Hugo
Cc :
Répondre à :
Objet : Vacances
De : Mounia   Signature : Aucune

Salut Hugo,
Je viens d'acheter mes billets pour venir chez toi en vacances. J'ai eu un super tarif car j'ai trouvé un billet en promotion
chez une compagnie à bas prix. Je prends l'avion le 15 juillet à 10 h. Mon avion atterrira à 12 h 45 à l'aéroport de Marseille.
Peux-tu m'attendre devant l'aéroport ? Ou bien s'il pleut on se retrouve dans le café en face du parking de l'aéroport. Écris-moi
pour me dire ce que tu préfères.
À bientôt,
Mounia
PS : Je rentre le 30 juillet. Décollage à 14 h 30 !

a À quelle heure Mounia va-t-elle arriver ?
• À 10 h   • À 12 h 45   • À 15 h

b Où Mounia propose-t-elle à Hugo de l'attendre ?
• Devant le parking   • Dans un café   • Derrière l'aéroport

c Quel jour Mounia rentre-t-elle chez elle ?

➕ Les prépositions de lieu

À, avant, après, chez, contre, à côté,
à droite, à gauche, dans, de, derrière,
devant, en face, entre, sur, sous
Ex. : Je t'attendrai **dans** la gare.
        Je pars **en** Espagne.
        Il est **devant** l'agence de voyages.

➕ Les mots pour...

parler... des voyages	...des activités nautiques	...des activités en plein air
• Une compagnie à bas prix	• La plongée	• Le camping
• Décoller / Le décollage	• Un maillot de bain	• La caravane
• Atterrir / L'atterrissage	• La crème solaire	• La tente
• Un bagage	• La mer / La piscine	• Le sac à dos
		• Les randonnées

➕ Le futur

On utilise le futur simple pour parler d'une action à venir.
Tous les verbes prennent les mêmes six terminaisons : **-ai, -as, -a, -ons, -ez, -ont**.
Les verbes conservent généralement l'infinitif en entier.
Ex. : voyager : je voyagerai, finir : je finirai.
Mais beaucoup de verbes sont irréguliers.
Ex. : faire : je ferai / vouloir : je voudrai

On se voit quand ?

 Lisez la réponse d'Hugo et trouvez sur la carte les villes que Mounia va visiter pendant ses vacances.

○○○   Nouveau message   ◯

Envoyer   Discussion   Joindre   Adresses   Polices   Couleurs   Enr. brouillon   Navigateur de photos   Afficher les modèles

À : Mounia

Cc :

Répondre à :

Objet : RE : Vacances

De : Hugo   Signature : Aucune

Coucou Mounia,

Je suis super content de passer mes vacances avec toi ! Je serai là le 15 juillet et je t'attendrai devant l'aéroport car il fera très beau...

Je suis en train de te préparer un super programme pour les vacances. Voici ce que nous allons faire :

- Le 15 juillet, on restera tranquillement chez moi et on profitera de la piscine.
- Du 16 au 18 juillet, nous partirons chez mes grands-parents à Cassis (très joli village au bord de la mer). Ils nous prêtent la caravane qui est installée dans leur jardin.
- Du 19 au 21, destination Aix-en-Provence ! Nous irons rejoindre mes cousins dans le camping où ils seront en vacances. Nous dormirons sous la tente !!!
- Et pour finir, le 22 juillet, nous reviendrons à Marseille jusqu'à la fin des vacances. Je te présenterai tous mes copains, nous ferons des randonnées, nous irons faire du sport, nous sortirons... Promis, tu ne t'ennuieras pas !

N'oublie pas de mettre dans tes bagages : un sac à dos, un maillot de bain, ton matériel de plongée et ta crème solaire.

Bises.

Hugo

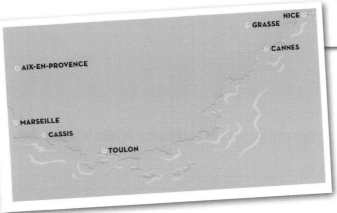

 À l'aide de l'agenda, dites quelles activités Mounia et Hugo feront chaque jour.

Juillet							
15	16	17	18	19	20	21	22
Arrivée de Mounia	*a*						
23	24	25	26	27	28	29	30
		sej	*our a marsiplie*				*Départ de Mounia*

À vous ! Qu'est-ce que vous allez faire pendant vos prochaines vacances ? Présentez votre emploi du temps à votre voisin(e).

Écoutez bien !

1 Écoutez le poème. Recopiez-le dans votre cahier et soulignez en rouge les mots dans lesquels vous entendez le son [u] et en vert les mots dans lesquels vous entendez le son [y].

Mon cher ami, que reste-t-il de nos vacances ?
La découverte aventureuse d'un grand pays
Que je ne m'imaginais pas aussi joli
Des goûts et des couleurs, tout ce qui fait la France

Mon cher ami, que gardons-nous de ces vacances ?
Les joies du covoiturage sur les petites routes
Faire du tourisme pendant la canicule d'août
Ce mois attendu avec tant d'espérance !

2 Écoutez le poème *Loisirs, Plaisir*.
Écrivez dans votre cahier tous les mots qui contiennent le son [r].

3 Écoutez, répétez et prononcez les phrases suivantes le plus vite possible.

• Souchon sait cent chansons.

• L'autocar part tard, gare !
Gare à l'autocar !
Car l'autocar part dare-dare
Quand l'autocar part tard.

• Un pêcheur pêchait sous un pêcher mais le pêcher empêchait le pêcheur de pêcher.

• As-tu été à Tahiti ?

• Zazie causait avec sa cousine en causant si ça se passe ainsi c'est sans souci.

Unité 1
Culture jeune

Exprimer des opinions

Dire si l'on aime ou l'on n'aime pas

Commenter une chanson

Compréhension

À l'oral

Vive la musique !

Fauve

Un lundi dans la cour du lycée, Nino, Sophie et Frankie discutent...

Nino : Salut Frankie, ça va ? Tu as passé un bon week-end ?

Frankie : Salut Nino, salut Sophie ! Oui, samedi, au lieu de passer ma soirée devant la télévision, je suis allé voir Fauve en concert.

Sophie : Génial ! C'est un groupe que j'aime beaucoup. Ce sont de très bons musiciens et de bons chanteurs aussi. Je ne connais pas toutes leurs chansons mais en général, j'aime beaucoup les paroles. C'était où ?

Frankie : Au *Vinci*. Cette salle de concert est super, elle est immense et l'acoustique est formidable ! Il y avait une bonne ambiance, tout le monde dansait et chantait.

Nino : Ça me donne envie de jouer de la guitare ! Au fait, c'est toujours d'accord pour notre répétition mercredi après les cours ?

Frankie : Oui, pour moi aucun problème. Et les autres, ils sont toujours d'accord ?

Nino : Oui, la semaine dernière on est allés chez Fred mais, cette fois-ci, on a décidé de se retrouver chez moi. Comme mes parents ne sont pas là, on va pouvoir mettre le son plus fort !

Sophie : J'aimerais bien venir vous voir répéter un jour !

Frankie : Tu peux venir si tu veux.

Nino : Viens plutôt nous voir en concert ! Samedi prochain, c'est la fête de la Musique !

Sophie : OK, j'ai compris... Allez, à plus tard !

Frankie : Appelle-moi après les cours, Sophie ! Tu as mon numéro ?

Sophie : Oui, mais toi, tu n'as pas le mien. Je t'appelle, pas de problème !

Mercredi après les cours, pendant la répétition...

Nino : Frankie, mets-toi plus loin des enceintes.

Frankie : OK. Bon, on commence par jouer quel morceau ?

Fred : Attends, j'accorde ma guitare.

Nino : Et moi je ne trouve pas mes baguettes...

Fred : Prends-les, elles sont à côté des enceintes. [...]

➕ Les mots pour...

jouer de la musique	parler d'un concert
• Mettre le son plus fort = augmenter	• Aller voir un concert
• Monter le volume ≠ Baisser le volume/le son	• Voir un groupe en concert
• Accorder sa guitare/sa basse/son piano	• Cette salle de concert est super !
• Les baguettes (pour jouer de la batterie)	• L'acoustique est formidable !
• Répéter/faire une répétition (une répét')	• Les enceintes/Les baffles
	• Le groupe de musique

---

1 Écoutez le dialogue.

2 Répondez aux questions.

ⓐ Qu'a fait Frankie ce week-end ?
- Il a fait un concert.
- Il est allé voir un concert.
- Il a regardé un concert à la télévision.

ⓑ Qu'est-ce que Sophie apprécie dans le groupe Fauve ?

ⓒ Qu'est-ce que Frankie pense de la salle de concert *Le Vinci* ?

ⓓ De quel instrument joue Nino ?

ⓔ Que doivent faire Nino et Frankie mercredi, après les cours ?

ⓕ Que peuvent-ils faire quand les parents de Nino ne sont pas à la maison ?
- Répéter dans la chambre de Nino.
- Inviter beaucoup d'amis.
- Augmenter le volume de la musique.

ⓖ Qu'est-ce qu'il y a samedi prochain ?

ⓗ Qui doit faire quoi ?
- S'éloigner des enceintes
- Accorder sa guitare
- Trouver ses baguettes

ⓘ Que pense Frankie ?

ⓙ Pourquoi Frankie est-il stressé ?

ⓚ Pour quelle raison Nino dit-il que Frankie a raison d'être stressé ?

À l'écrit

Tu écoutes de la musique où et comment ?

Les 15-25 ans écoutent de la musique en moyenne 2 heures par jour. Elle est sur leur **ordinateur**, leur **lecteur MP3** ou leur **téléphone portable**. Ils échangent leur musique et écoutent leurs morceaux de musique préférés en *streaming**. Nous avons demandé à quatre jeunes de nous dire comment ils écoutent leur musique…

Julie (16 ans) : J'écoute généralement ma musique sur mon smartphone. Je télécharge mes morceaux préférés pour les écouter dans le bus, pour aller au lycée.

Thomas (17 ans) : Je préfère écouter ma musique dans ma chambre, tranquille, le matin et en fin de journée. J'ai créé une *playlist* sur un site qui

me permet d'écouter en ligne, c'est gratuit. Je vais aussi sur Youtube quand je veux regarder des clips vidéo.

Mehdi (18 ans) : Je suis DJ, donc j'achète surtout des vinyles. Je passe mes samedis après-midi dans un magasin spécialisé pour écouter des vinyles… et des CD de temps en temps. Il y a des platines, je peux écouter tous les vinyles que je veux !

Adèle (16 ans) : J'ai toujours mon baladeur MP3 avec moi et mon casque sur les oreilles ! J'écoute presque tout le temps la musique.

*streaming: *diffusion continue disponible sur des sites qui permettent d'écouter des chansons gratuitement.*

Baladeurs, lecteurs MP3 : danger pour les oreilles !

Tu écoutes ta musique à très fort volume sonore avec des écouteurs ? Pendant combien de temps ? Attention à tes oreilles ! On adore se balader avec nos écouteurs sur les oreilles ou écouter de la musique dans le bus, le métro… Mais si on écoute la musique trop fort et trop longtemps, cela peut provoquer une baisse de l'audition et même l'apparition d'acouphènes (des bourdonnements dans les oreilles). Voici donc quelques conseils pour éviter de devenir sourd.

- Il ne faut pas écouter sa musique à un niveau supérieur à 85 décibels.
- Il ne faut pas écouter sa musique pendant plus de 1 heure.
- Il est préférable d'écouter sa musique avec un casque plutôt que des écouteurs. Tant mieux, aujourd'hui le casque est à la mode !

 Quelles sont les trois façons d'écouter de la musique ?

 Associez une image à une personne.

ⓐ Julie   ⓑ Thomas   ⓒ Mehdi   ⓓ Adèle

 ①   ②   ③    ④

 Pourquoi le lecteur MP3 est un danger pour nos oreilles ?

 Qu'est-ce que peut provoquer une écoute à fort volume sonore ?

 Complétez les phrases dans votre cahier.

- Il faut écouter sa musique…
- Il faut écouter sa musique pendant…
- Il faut écouter sa musique avec…

Complétez le tableau suivant dans votre cahier.

Ils écoutent de la musique…	Où ?	Quand ?	Comment ?
Julie			
Thomas			
Mehdi			
Adèle			

➕ **Les mots pour…**

écouter de la musique

- Créer une *playlist*
- Télécharger des morceaux
- Aller sur un site pour regarder des clips vidéo
- Échanger sa musique
- L'audition/L'écoute
- Avoir des acouphènes/des bourdonnements dans les oreilles
- Devenir sourd
- Écouter en *streaming*, en ligne
- Écouter des vinyles sur une platine
- Écouter un CD/un album sur un lecteur
- Un casque/Des écouteurs

Vocabulaire

 Qu'est-ce que c'est ?
Un casque, des écouteurs, une enceinte, des baguettes ?

ⓐ

ⓑ

ⓒ

ⓓ

 Complétez les phrases avec les mots et expressions suivants.
acoustique – album – baladeur – casque – concerts – en ligne – paroles – répéter – monte le son – téléchargé – vinyles – volume

ⓐ J'adore aller à des … . Je préfère voir un chanteur sur scène que d'écouter ses CD.

ⓑ La salle de spectacle que je préfère est le *Vinci* car l'… est fantastique !

ⓒ Est-ce que tu as écouté le dernier … de Stromae ? Je l'ai … sur mon … MP3.

ⓓ Les … de cette chanson sont magnifiques.

ⓔ Il est DJ et n'achète presque pas de CD, il préfère écouter des … .

ⓕ … ! On n'entend rien !

ⓖ Elle a toujours son … sur les oreilles. Elle écoute quel genre de musique ?

ⓗ Je suis allée voir … le groupe de Frankie. C'était génial !

ⓘ Le … de la guitare est trop haut, on n'entend pas les autres instruments.

ⓙ J'ai pu écouter … la dernière chanson du groupe Indochine.

Complétez les phrases avec les verbes suivants (attention à la conjugaison).
télécharger – écouter – échanger – accorder – baisser – créer – répéter

ⓐ Le mercredi, après les cours, le groupe de Fred … pendant deux heures.

ⓑ Sophie et Frankie … leur musique en streaming.

ⓒ Le son est trop fort, ils doivent le … .

ⓓ Tu veux écouter le dernier album de Fauve ? Je l'ai … sur mon IPhone.

ⓔ Tu dois … ta guitare avant de commencer à jouer.

ⓕ Je viens de … une playlist sur mon ordinateur.

Ph**o**nétique

 1 **Écoutez les sons [s] comme dans « acoustique » et [z] comme dans « musique ».**
Les sons que vous entendez sont-ils identiques (=) ou différents (≠) ?

	=	≠
1.		
2.		
3.		
4.		
5.		

 2 **Où est le son [z] ? Dans le premier, le deuxième mot ou les deux ?**

	1er mot	2ème mot	Les deux
1.			
2.			
3.			
4.			
5.			

 3 **Écoutez les phrases, recopiez-les dans votre cahier**
et soulignez le son [z] en rouge et le son [s] en bleu.

ⓐ Mets ton casque et écoute cette musique.
ⓑ Je suis stressé car c'est bientôt la fête de la Musique.
ⓒ Avant, on était mieux organisés pour nos répétitions.

4 **Écoutez les phrases et répétez-les à voix haute en faisant bien attention**
aux liaisons et enchaînements.

 ⓐ **Liaisons**
1. J'ai toujours mon casque sur les‿oreilles.
2. On va répéter chez‿elle ?
3. Et les‿autres, ils sont toujours d'accord ?
4. Elles sont super belles tes‿enceintes !

 ⓑ **Enchaînements**
1. Je préfère‿écouter ma musique dans ma chambre.
2. J'ai créé une *playlist* sur‿un site qui me permet d'écouter‿en ligne.
3. On‿est‿allés chez Fred pour‿écouter de la musique.
4. Viens plutôt nous voir‿en concert !

 5 **Écoutez les phrases, recopiez-les dans votre cahier et soulignez le son « on » [ɔ̃] en vert et le son « an » [ã] en bleu.**

ⓐ Monte le son !
ⓑ On a dansé pendant tout le concert !
ⓒ Cette chanson est vraiment longue.
On rencontre le chanteur ce soir.

 6 **Écoutez les phrases, recopiez-les dans votre cahier et soulignez le son « in » [ɛ̃] ou [ɛ] en rouge et le son « an » [ã] en bleu.**

ⓐ Les musiciens ont joué dans une salle immense.
ⓑ C'était très bien, il y avait une bonne ambiance.
ⓒ Samedi prochain, j'achète de nouvelles enceintes.
ⓓ J'écoute ce chanteur gratuitement sur un site
spécial.

Grammaire

 ## Les temps du passé

Annexes pages 102-103

Pour parler au passé, on utilise l'imparfait ou le passé composé.

■ **L'imparfait** permet de faire des descriptions ou de décrire des habitudes dans le passé.
Ex. : Il y **avait** une bonne ambiance, tout le monde **dansait** et **chantait**.
   Avant, mes parents **écoutaient** des vinyles. Aujourd'hui ils écoutent des CD.

■ **Le passé composé** est utilisé pour parler d'une action, d'un événement survenu à un moment précis.
Ex. : Tu **as passé** un bon week-end ? (auxiliaire *avoir* + participe passé du verbe)
   Mercredi, on **a décidé** de se retrouver chez moi pour répéter.
   Samedi soir, Frankie **est allé** voir Fauve en concert. (auxiliaire *être* + participe passé du verbe)
■ Attention à la place de la négation dans les phrases au passé composé :
Ex. : La semaine dernière Sophie **n'est pas allée** chez Fred.

 ## L'accord des participes passés

Annexes page 102

Au passé composé, certains verbes ont pour auxiliaire le verbe **être**, il faut alors accorder le participe passé avec le sujet auquel il se rapporte.
Ex. : La semaine dernière Sophie **est allée** chez Fred.
   Frankie et ses amis **sont allés** au concert de Fauve.

 ### Transformez les phrases au passé.

ⓐ Il n'y a pas de MP3 et les jeunes n'ont pas de problèmes d'audition.
   ▶ Avant, ...
ⓑ Il y a des walkmans avec des cassettes.
   ▶ Avant, ...
ⓒ Aujourd'hui, les musiciens répètent de 10 h à 16 h et leur concert commence à 21 h.
   ▶ Hier, ...
ⓓ Fred et Nino viennent chez moi répéter, mais Sophie ne peut pas venir.
   ▶ Hier, ...

 ## L'impératif des verbes pronominaux

À l'impératif **affirmatif**, le pronom est placé après le verbe avec un trait d'union.

Verbe à l'impératif + **trait d'union** + **pronom**

Ex. : Appelle-**moi** après les cours, Sophie !   Frankie, mets-**toi** plus loin des enceintes !
   Parlons-**nous** demain !   Retrouvez-**vous** devant la salle de concert.
■ **Attention !** Les pronoms « me » et « te » se transforment en « moi » et « toi » à l'impératif affirmatif.
Ex. : Attends-**moi** ! Mets-**toi** plus loin !

À l'impératif **négatif,** le pronom est placé avant le verbe sans trait d'union.

Ne + **pronom** + verbe à l'impératif + **pas**

Ex. : **Ne** m'appelle **pas** après les cours, Sophie !   Frankie, **ne te** mets **pas** plus loin des enceintes !

 ### Complétez les phrases suivantes en écrivant les verbes pronominaux à l'impératif.

ⓐ Fred, ... à jouer de la guitare ! (*s'entraîner - tu*)
ⓑ On va être en retard pour le concert de Fauve ! Vite, ... ! (*se dépêcher - nous*)
ⓒ Pendant le concert, faites attention : ... près des enceintes ! (*ne pas se mettre - vous*)

Les pronoms relatifs « qui » et « que »

Les pronoms relatifs « qui » et « que » servent à relier deux phrases sans répéter la même information.

■ *Qui* reprend un sujet.

> Sujet + qui + verbe 1 + verbe 2.

Ex. : Ce site Internet permet d'écouter de la musique en ligne. Ce site est gratuit. ▶ Ce site Internet qui permet d'écouter de la musique en ligne est gratuit.

■ *Que* reprend un complément d'objet.

> Complément d'objet + que + verbe 1 + verbe 2

Ex. : J'adore écouter ce groupe. Ce groupe est Fauve. ▶ Le groupe que j'adore écouter est Fauve.

3 Complétez les phrases suivantes avec « qui » ou « que ».

ⓐ C'est un groupe ... je trouve fantastique.
ⓑ Ce chanteur .... est en concert ce soir est aussi un excellent guitariste.
ⓒ C'est une chanson ... est très douce.
ⓓ J'écoute un musicien ... tu aimes beaucoup.

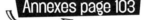
Annexes page 103

 Les pronoms possessifs

Le pronom possessif s'accorde avec le nom et celui/celle qui possède l'objet.

	Singulier		Pluriel	
	Masculin	Féminin	Masculin	Féminin
Je	Le mien	La mienne	Les miens	Les miennes
Tu	Le tien	La tienne	Les tiens	Les tiennes
Il/Elle	Le sien	La sienne	Les siens	Les siennes
Nous	Le nôtre	La nôtre	Les nôtres	Les nôtres
Vous	Le vôtre	La vôtre	Les vôtres	Les vôtres
Ils/Elles	Le leur	La leur	Les leurs	Les leurs

Ex. : – Tu as **mon** numéro ? (adjectif possessif)
   – Oui, mais toi tu n'as pas **le mien** ! (pronom possessif)

■ **Attention !** On écrit et prononce différemment :
Ex. : **Notre** guitariste est super ! (adjectif) (« o » ouvert)
   C'est le **nôtre** ! (pronom) (« ô » fermé)

4 Complétez les phrases suivantes comme dans l'exemple.

Ex. : C'est ton CD ou ... ? (*à moi*) ▶ C'est ton CD ou le <u>mien</u> ?

ⓐ Ce sont mes baguettes ou ... ? (*à toi*)
ⓑ C'est mon téléphone ou ... ? (*à lui*)
ⓒ C'est notre guitare ou ... ? (*à vous*)
ⓓ Ce sont vos chansons ou ... ? (*à eux*)

La Garde-Robe d'Elizabeth
Amélie-les-crayons

Elizabeth devant sa garde-robe
À 7 h 32 s'arrache les cheveux
Elizabeth devant sa garde-robe
Elle sait jamais ce qu'elle veut

C'est parce qu'elle a trop d'pulls,
de chemises, de culottes
De chaussettes, de chaussures
et de frocs
De manteaux, de nus-dos,
de débardeurs
De robes et de tailleurs
De foulards, de maillots,
de jambières...
Elizabeth désespère...

Elle sent ses jambes qui se dérobent
À 8 h 07, elle se couche par terre
Elizabeth devant sa garde-robe
Les bras en croix, le regard en l'air

Elle vient d'entendre la météo
Qui lui dit : « *Ni froid, ni chaud
Aujourd'hui ce sera mitigé* »
Décidément elle n'est pas aidée !

Elizabeth devant sa garde-robe
À 8 h 25, se ressaisit
Elizabeth devant sa garde-robe

Décide de s'habiller en gris

Mais elle a trop d'pulls, de chemises
et de culottes grises
De chaussettes, de chaussures
et de frocs gris
De manteaux, de nus-dos,
de débardeurs,
De robes et de tailleurs
De foulards, de maillots,
de jambières grises...
Elizabeth crise...

Elizabeth devant sa garde-robe
À 8 h 43 a le choix
Elizabeth devant sa garde-robe
Entre un pantalon et une jupe à pois

Elle préfère bien la jupe mais si elle
prend froid
Avec un gilet, ben, pourquoi pas ?
C'est seulement à 9 h 23
Qu'elle est prête elle a mis des bas

Elizabeth dans le miroir de la
commode
À 9 h 32 n'en croit pas ses yeux
Elizabeth dans le miroir de la
commode

Elle voit une tache sur son gilet bleu

Elle enlève son gilet, sa jupe et ses
bas
Avec autre chose ben, ça irait pas
Elle met le pantalon gris qui
l'attendait là
Plus que le haut, après c'est promis,
elle y va, mais oui, mais oui, mais...

Mais elle a trop d'pulls, de chemises
et de cols V
De grandes manches, de bretelles
et de cols roulés
De bodies, de nus-dos,
de débardeurs
De châles et de tailleurs
De capes, de vestes, d'anorak...
Ah ! Elizabeth craque...

Elizabeth devant sa garde-robe
À 9 h 50 elle n'sait plus quoi faire
Elizabeth devant sa garde-robe
Elle n'retrouve plus son chemisier
vert

Elle est sûre qu'il est propre,
elle l'a lavé hier

Un cadeau de sa belle-mère
Elle cherche, elle fouille, elle
s'énerve
et hop-là !
Elle le trouve en boule sous
une pile d'affaires

Elizabeth devant sa garde-robe
À 10 h est en train de repasser
Elizabeth devant sa garde-robe
Son joli chemisier

La radio allumée, elle entend
Les infos de 10 h annoncées
Là, Elizabeth est vraiment
En retard, son car elle l'a loupé

Elle lâche son fer, son chemisier
Elle attrape, les yeux fermés,
Un survêtement, des baskets,
un tablier
Et sort de chez elle... toute mal
fagotée.

Extrait de l'album
Et pourquoi les crayons ? (Néômme)

---

1 Écoutez la chanson sans regarder les paroles.

a) Écrivez les noms de vêtements que vous entendez dans le 1er refrain.
b) À quelle heure Elizabeth fait-elle chacune de ces actions ?

Elizabeth...	Heure
... est allongée par terre, elle réfléchit.	
... hésite à mettre un pantalon ou une jupe à pois.	
... ne sait pas ce qu'elle veut.	
... voit une tache sur son gilet bleu.	

Elizabeth...	Heure
... ne retrouve plus son chemisier vert.	
... est en train de repasser son joli chemisier.	
... est prête : elle a mis des bas.	
... décide de s'habiller en gris.	

2 Lisez les paroles.

Notez dans votre cahier le nom des vêtements suivants qui sont dans la chanson.

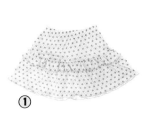
① Une ... à ...

② Des ...

③ Un ...

④ Une ...

Parler

 Et vous ? Répondez aux questions.

ⓐ Le matin, comment choisissez-vous vos vêtements pour aller en cours ?
Est-ce que vous les préparez la veille ? Est-ce que vous mettez beaucoup de temps
pour choisir vos vêtements ?
ⓑ Comment est votre garde-robe ? Faites la liste des vêtements de votre garde-robe.
ⓒ Quels sont les vêtements que vous avez mis ce matin ? Pourquoi ?

 À deux, répondez aux questions suivantes à l'oral, chacun votre tour.

ⓐ Est-ce que vous mettez beaucoup de temps pour choisir vos vêtements avant d'aller
à une fête/une soirée ?
ⓑ Est-ce que vous vous habillez de la même façon quand vous allez en cours
et quand vous sortez le samedi après-midi ? Pourquoi ? Expliquez ce que vous mettez
comme vêtements dans les deux cas.
ⓒ Est-ce que vous demandez conseil pour choisir vos vêtements dans les magasins ?
À vos amis ? Au vendeur/À la vendeuse ?

 À deux, répondez aux questions suivantes à l'oral, chacun votre tour.

ⓐ Jouez-vous d'un instrument ? Si oui lequel ? Si non, aimeriez-vous en jouer et y a-t-il
un instrument que vous aimez particulièrement ? Pourquoi ?
ⓑ Est-ce que vous faites partie d'un groupe de musique ? Si oui, quel style de musique
jouez-vous ? Si non, quel groupe de musique aimez-vous ? Pourquoi ?
ⓒ Quel genre de musique aimez-vous écouter ? À quel moment écoutez-vous de la musique ?
Est-ce que vous écoutez toujours le même style de musique ? Expliquez.

Paris
capitale de la mode !

VOICI QUELQUES NOMS LÉGENDAIRES FRANÇAIS DANS LE MONDE DE LA MODE.

CHRISTIAN DIOR

Après la Seconde Guerre mondiale, Dior a connu un grand succès avec son nouveau design révolutionnaire nommé le New Look, c'est-à-dire des épaules arrondies, une taille fine avec une jupe ample en forme de corolle à 20 centimètres du sol.

CHRISTIAN LACROIX

Christian Lacroix est l'un des concepteurs du nouvel âge français, connu pour sa gamme de vêtements de marque exotique et sa création moderne de la jupe *puffball,* une jupe à volants (en forme de champignon).

COCO CHANEL

Cette créatrice de mode française est connue pour ses créations de haute couture. Gabrielle Coco Chanel a révolutionné la mode en créant un design élégant pour les femmes. La veste cardigan et la légendaire petite robe noire sont ses créations les plus célèbres. Karl Lagerfeld est aujourd'hui à la tête de la firme Chanel.

YVES SAINT LAURENT

Il a commencé à travailler avec Christian Dior et, à la mort de Dior, il est devenu le directeur artistique de la firme. En 1966, il dessine son premier smoking pour femmes. Il disait : « *Rien n'est plus beau qu'un corps nu. Le plus beau vêtement qui puisse habiller une femme, ce sont les bras de l'homme qu'elle aime. Mais, pour celles qui n'ont pas eu la chance de trouver ce bonheur, je suis là.* »

JEAN-PAUL GAULTIER

Jean-Paul Gaultier attire les stars, les réalisateurs qui lui demandent de travailler pour eux. Il aime le métissage, les différences, il n'y a plus aucunes frontières dans les créations de ce grand couturier. La marinière et le corset sont des vêtements caractéristiques de ses créations.

VANESSA BRUNO

Vanessa Bruno est une créatrice de mode française d'origine danoise. Sa mère était un top model danois et son père le fondateur de la maison Cacharel. Elle a travaillé comme mannequin, chanteuse et actrice. Son style : des gros pulls en tricot, des justaucorps* de couleurs sobres ou pastel. La marque à la fois luxueuse et décontractée se fait connaître grâce aux grands sacs à paillettes. De nombreuse actrices s'habillent en Vanessa Bruno : Charlotte Gainsbourg, Vanessa Paradis, Élodie Bouchez. Toutes apprécient la féminité discrète qui se dégage de cette marque.
Justaucorps : maillot collant pour la danse.

 À chaque couturier sa création... Qu'ont-ils créé ?

Christian Dior	Le New Look
Coco Chanel	
Yves Saint Laurent	
Christian Lacroix	
Jean-Paul Gaultier	

 Avant d'être créatrice de mode quels métiers Vanessa Bruno a-t-elle exercés ?

 Quel accessoire a rendu célèbre la marque Vanessa Bruno ?

 **Écrire**

 Donnez-nous votre avis ! Participez au forum consacré à la mode et à la musique en répondant aux questions suivantes.

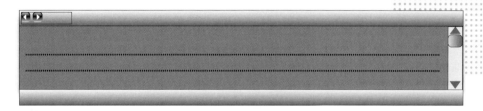

Quand vous choisissez des vêtements, tenez-vous compte du regard des autres ? Pourquoi ?
Est-ce que vous choisissez vos amis en fonction de leur style ?
Et en fonction de la musique qu'ils écoutent ?

 Vous lisez ce message sur un site Internet consacré à la mode.

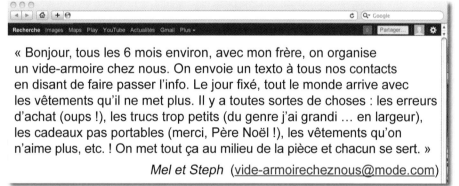

« Bonjour, tous les 6 mois environ, avec mon frère, on organise un vide-armoire chez nous. On envoie un texto à tous nos contacts en disant de faire passer l'info. Le jour fixé, tout le monde arrive avec les vêtements qu'il ne met plus. Il y a toutes sortes de choses : les erreurs d'achat (oups !), les trucs trop petits (du genre j'ai grandi … en largeur), les cadeaux pas portables (merci, Père Noël !), les vêtements qu'on n'aime plus, etc. ! On met tout ça au milieu de la pièce et chacun se sert. »

Mel et Steph (vide-armoirecheznous@mode.com)

Vous écrivez à Mel car vous aimeriez participer à son « vide-armoire ». Vous vous présentez, vous décrivez votre style et dites les vêtements que vous aimez porter, ceux que vous allez apporter et ceux que vous aimeriez trouver chez elle. Vous lui dites aussi ce que vous pensez de son vide-armoire et pourquoi.

À : vide-armoirecheznous@mode.com

Objet : Votre vide-armoire

De : moi@internet.com

Signature : Aucune

Dis-moi comment tu t'habilles, je te dirai quelle musique tu écoutes !

Le goût musical a une grande influence sur les tenues vestimentaires des jeunes de 15 à 25 ans. Aussi, musique et mode sont très souvent indissociables et l'image que dégage un groupe de musique n'est pas sans conséquence sur le choix des habits. Voici quelques exemples de styles musicaux et leur mode vestimentaire.

Les punks

Les punks se comportent et s'habillent aussi en fonction de leur état d'esprit. Ils ont leur philosophie, leur idéologie, ils sont pour l'anarchisme et le nihilisme (le *No Future*). Par leur musique punk et ska, ils font passer des messages antiracistes, anticapitalistes, etc. Leur tenue vestimentaire est le plus souvent composée d'un pantalon avec des chaînes, de vêtements déchirés et rattachés par des épingles à nourrice, de Doc Martens, badges et la plupart du temps ils ont une crête sur la tête qui peut être de différentes couleurs (vert, rose...). Parmi les groupes français punk-rock on trouve Les Wampas, Bérurier Noir, Les Garçons Bouchers, Marcel et son orchestre, Malodoï, Parabellum, Slugz...

Le mouvement gothique

Le mouvement a fait son apparition dans les années 1980 en s'inspirant du romantisme noir (tradition littéraire britannique du milieu du XIXe siècle). Le style vestimentaire de ces gothiques est directement inspiré de ce romantisme où l'on trouvait capes, gilets et dentelles.
Ils ont les cheveux noirs et longs, le visage maquillé pour accentuer le regard. Ils s'habillent surtout en noir, mais aussi en violet, mauve, et parfois en blanc. Le mouvement gothique écoute des musiques très variées. On trouve l'indus, l'électro, la new wave, la cold wave, l'electro-indus et principalement le métal.

Les roots

Les roots sont associés à la musique reggae. Ils s'habillent de manière très colorée, avec des vêtements achetés généralement aux puces. Ils ont souvent les cheveux longs ou ont des *dreadlocks* qui peuvent être relevées sous des gros bonnets en laine. Les filles portent souvent un sac africain sur l'épaule, une longue jupe ou un pantalon souple plein de couleurs. Il y a trente ans, on les appelait « *hippies* » mais maintenant les roots sont des personnes écologiques attachées à des valeurs d'authenticité, à des choses naturelles, simples et artisanales. En France, parmi les groupes roots il y a Massilia Sound System, Zebda, Tryo, Danakil, Sinsemilia...

Les rappeurs

Les rappeurs aiment les vêtements amples et larges. Ils bougent au son du hip-hop dans des joggings ou encore dans des habits XXL. Le rappeur est toujours vêtu de ses marques préférées, a presque toujours une capuche, un bonnet, une casquette ou encore un bandeau et il porte des baskets de marque. En France, on peut écouter : Booba, Sexion d'Assaut, Rohff, 1995, La Fouine, Maître Gims...

---

1 Sur votre cahier, reproduisez le tableau suivant et complétez-le.

Style	Vêtements	Groupes musicaux
Punk		
Gothique		
Roots		
Rappeur		

D'autres courants musicaux

Le slam

Mouvement artistique né aux États-Unis, le slam est arrivé en France dans les années 1990. Le mot *slam* désigne en argot américain « la claque », « l'impact ». Slamer, c'est partager ses textes, ses poésies et les dire à voix haute dans des lieux publics (cafés, festivals, en classe…). Il peut y avoir un léger accompagnement musical. Le slam est un mélange d'écriture, de rap, de hip-hop, de poésie, de chanson. Grand Corps malade et Abd Al Malik sont les slameurs les plus connus en France.

Le RnB

Le RnB est un genre de rhythm and blues né, durant les années 1980, d'influences du hip-hop, de la soul et de la pop. Parmi les chanteurs français de RnB, on peut écouter Kenza Farah, TAL, Corneille, Shy'm, Zaho…

Et les **DJ français** David Guetta, Bob Sinclar et Martin Solveig.

La scène française est représentée, entre autres, par Lilly Wood & The Prick, Stromae, Christine and the Queens, Julien Doré, Vanessa Paradis, Zaz, Kyo, Émilie Loiseau…

Il y a aussi **le pop rock** avec Indochine, Mika, les BB Brunes…

2 Répondez aux questions.

(a) Expliquez ce qu'est le slam. Existe-t-il dans votre pays ?
(b) À quels autres styles musicaux est associé le RnB ?
(c) Faites une recherche sur Internet sur un des chanteurs de pop rock et un chanteur ou une chanteuse de la scène française et faites-en une petite présentation à l'écrit puis à l'oral en classe.

Faites une phrase avec chacun des mots suivants :
baladeur MP3 - casque - album - parole - volume.

 ...... /5

 Mettez au passé les phrases suivantes.   ...... /5

ⓐ Hier, je (*répéter*) ... les morceaux pour la fête de la Musique.
ⓑ Avant, mes parents (*écouter*) ... des vinyles.
ⓒ Samedi dernier, Frankie et Sophie (*aller*) ... au concert de Fauve.
ⓓ Ils (*aimer*) ... écouter du punk, mais aujourd'hui, ils préfèrent le reggae.
ⓔ Maintenant, je préfère son style, avant elle (*porter*) ... des vêtements trop classiques.

 Transformez ces phrases à l'impératif comme dans l'exemple.   ...... /3

Ex. : Tu dois acheter ce disque. ▶ Achète-le !

ⓐ Cet album est super, il faut l'écouter. ▶ ...
ⓑ Il ne faut surtout pas m'appeler pendant ma répétition. ▶ ...
ⓒ Vous ne pouvez pas prendre de billet pour le concert. ▶ ...

 Complétez les phrases avec « qui » ou « que ».   ...... /4

ⓐ C'est une robe ... je veux acheter.
ⓑ Le style de vêtement ... j'aime est plutôt classique.
ⓒ Je n'écoute pas la même musique ... toi.
ⓓ Il écoute un groupe de RnB ... n'est pas très connu.

 Complétez les phrases avec un pronom possessif.   ...... /3

ⓐ Prenez cet album, c'est ... (*à moi*).
ⓑ Ces robes ? Ce sont ... (*à Julie et Sophie*).
ⓒ Ce pull, il est à qui ? Je crois que c'est ... (*à toi*).

 ..... /20

**Corrigez en classe
et comptez votre score.**
Vous avez entre 18 et 20 points ?
Bravo !
Vous avez autour de 15 points ?
Pas mal.
Vous avez moins de 15 points ?
Révisez l'unité et mémorisez !

Unité 2

Engage-toi !

Exprimer l'interdiction

Exprimer la possibilité et la permission

Donner des explications

Compréhension

À l'oral

Débat public en direct de Dakar

▶ **Le présentateur** : Quelles sont les préoccupations des jeunes, aujourd'hui, dans les différents pays de la francophonie ? Pour répondre à cette question, nous recevons, à l'occasion des Journées mondiales de la jeunesse francophone, de jeunes représentants de différents pays. Marie vient de Belgique, Paola est française, Halima est sénégalaise et Yann vient de Montréal, au Québec. Marie, on commence par toi. Quelle est la première préoccupation des jeunes Belges ?

▶ **Marie** : Je pense que c'est le chômage dont les jeunes parlent le plus. Ils en parlent beaucoup parce qu'ils ont peur de ne pas trouver de travail après les études. C'est difficile de trouver un premier travail. Avant, c'était différent, on trouvait du travail plus facilement que maintenant. Mes parents n'ont pas connu ce problème. La société a beaucoup changé : notre génération connaît d'autres problèmes. Je crois que pour les Français c'est pareil.

▶ **Le présentateur :** C'est vrai, Paola ?

▶ **Paola** : Oui, Marie a raison. Pour les jeunes Français, la principale préoccupation, c'est aussi le chômage. Mais, heureusement, il y a des secteurs où l'économie va bien ; par exemple le tourisme, la banque. Avant, je pensais que je devais absolument faire des études longues. Mais la réalité est très différente. Apprendre un métier technique est aussi une très bonne idée. Souvent, les techniciens trouvent un travail très rapidement. Mais le chômage n'est pas le seul problème pour la jeunesse : le respect de la liberté de la presse est un thème très important pour les jeunes Français.

▶ **Le présentateur :** Et au Sénégal, Halima ? Les jeunes ont les mêmes préoccupations que les Belges et les Français ?

▶ **Halima** : Oui, bien sûr. Mais le Sénégal est aussi un pays où les jeunes sont de plus en plus engagés pour le respect de l'environnement. [...]

➕ Les mots pour...

parler de ses préoccupations	s'engager (1)
• Je ne fais pas attention à... • Je fais attention à... • Ma principale préoccupation c'est... • Je m'intéresse à... / Je ne m'intéresse pas à.... • J'ai compris que... • Je pense que...	• S'engager contre/pour... • Militer contre/pour... • Lutter contre/pour... • Le chômage • L'environnement • Le respect de la vie privée • La liberté de la presse • La protection des animaux • Il est interdit de (+ verbe à l'infinitif) • C'est interdit de (+ verbe à l'infinitif)

1 Écoutez le débat. Quel est le thème général ?

2 De quels pays viennent les participants ?

- Algérie
- Canada
- Maroc
- Belgique
- Luxembourg
- France
- Suisse
- Niger
- Sénégal
- Congo
- Monaco
- Mali

3 Quels sont les thèmes abordés par les participants ?

4 De quoi parlent les participants au débat ?

- **a** Marie : ...
- **c** Paola (2 thèmes) : ...
- **b** Halima : ...
- **d** Yann : ...

5 De quoi rêve Halima ?

6 D'après Yann, quelles sont les deux premières préoccupations des jeunes Québécois ?

- **a** L'emploi
- **c** Le racisme
- **b** L'écologie
- **d** L'égalité hommes/femmes

7 Quels sont les participants qui parlent des préoccupations d'autrefois ?

- **a** Marie
- **b** Paola
- **c** Halima
- **d** Yann

8 D'après Halima, comment étaient les gens avant ?

À l'écrit — Les jeunes Français s'engagent contre le racisme

LÉA est membre d'une association de lutte contre le racisme qui milite pour le respect des cultures. Cette association, dont le nom est « Vivre ensemble », informe le public sur les cultures et les langues que l'on rencontre en France. Elle fait aussi la promotion de valeurs comme la solidarité, la tolérance et la fraternité. Le 21 mars dernier a été une journée importante pour Léa. C'était la Journée internationale contre la discrimination raciale. Plusieurs bénévoles participaient à cette journée particulière.

Pour cette journée spéciale, la mairie de Strasbourg a organisé des événements pour les lycéens, les collégiens et le grand public. L'objectif était de sensibiliser les jeunes aux problèmes du racisme, de l'intolérance et de l'exclusion. Le maire a rappelé que le racisme et les discriminations étaient des délits punis par la loi. Pour Léa, c'est un devoir civique de les dénoncer.

La mairie a proposé une exposition *Histoire de l'immigration en France*, un documentaire sur les grands personnages de la lutte contre le racisme et un débat public avec le célèbre footballeur Lilian Thuram, ancien joueur de l'équipe de France et du fameux club espagnol, le FC Barcelone. Après le débat, des jeunes, victimes de racisme et de discrimination, sont venus témoigner : ils ont parlé de leur vie au quotidien et des problèmes qu'ils rencontraient quelquefois.

Peut-être qu'un jour Léa sera membre de la fondation de Lilian Thuram, « Éducation contre le racisme », qui a pour devise *Il n'y a qu'une seule race, la race humaine*. Cette fondation agit dans trois domaines : les activités éducatives avec les enfants, l'information du public en général et la recherche sur le racisme. C'est la fondation où Léa aimerait travailler.

L'action dont Léa est la plus fière est sa participation, au Canada, au Congrès mondial de la jeunesse francophone. À Québec, où a eu lieu ce congrès, Léa a donné une conférence sur les différences culturelles et le racisme. Elle n'a pas parlé seule ; elle était avec deux autres membres de son association. Avant la conférence, Léa était très nerveuse parce qu'elle avait peur de parler devant toutes ces personnes. Mais le public a beaucoup aimé son intervention. Léa est revenue en France satisfaite de son travail et convaincue de son engagement dans sa cause.

Lilian Thuram

1 Citez trois actions de l'association de Léa.

2 Que se passe-t-il le 21 mars ?

3 Qu'est-ce que la mairie a organisé ?
(Plusieurs réponses possibles)

(a) Un débat (d) Des témoignages
(b) Une conférence (e) Un match
(c) Une exposition

4 Pour quelle raison cette journée a-t-elle eu lieu ?

5 Que faisait Lilian Thuram avant ? Que fait-il maintenant ?

6 Quelles sont les trois actions de la fondation de Lilian Thuram ?

7 Recopiez la fiche d'identité de Léa dans votre cahier et répondez aux questions. Si l'information n'est pas dans le texte, cochez la colonne « ? ».

⊕ Les mots pour...

s'engager (2)

- S'engager pour des valeurs : la fraternité, l'égalité, la tolérance, le respect, la solidarité...
- S'engager contre le racisme, l'intolérance, la discrimination, l'exclusion...
- Les militants, les bénévoles, les membres d'association
- Les associations, les fondations, les débats publics, les congrès, les conférences...

Questions	Réponses	?
(a) Comment s'appelle l'association de Léa ?		
(b) Pour quelles valeurs Léa milite-t-elle ?		
(c) Que voudrait faire Léa plus tard ?		
(d) De quoi Léa est-elle contente ?		

Vocabulaire

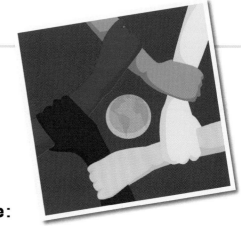

1 D'après vous, faut-il lutter pour ou contre :

ⓐ Le racisme
Je lutte
• pour • contre

ⓑ Le droit des animaux
Je lutte
• pour • contre

ⓒ Les discriminations raciales
Je lutte
• pour • contre

ⓓ Le respect de l'environnement
Je m'engage
• pour • contre

ⓔ Le respect de la vie privée
Je milite
• pour • contre

ⓕ L'égalité des cultures
Je m'engage
• pour • contre

ⓖ La liberté de la presse
Je milite
• pour • contre

ⓗ L'inégalité entre hommes et femmes
Je lutte
• pour • contre

2 Donnez un exemple pour chacune de ces valeurs. Ensuite classez-les par ordre d'importance pour vous.

Ordre	Valeurs	Exemple
	L'égalité	Ex. : l'égalité entre les hommes et les femmes au travail
	La fraternité	
	La solidarité	
	La tolérance	
	Le respect	

3 Que faut-il faire pour lutter ? Donnez des exemples en utilisant les verbes suivants :
respecter - interdire - militer - s'engager - informer.

Contre le racisme ?	Ex. : Informer le public sur les différences culturelles.
Contre l'intolérance ?	
Contre la pollution de l'environnement ?	
Contre l'inégalité hommes/femmes ?	
Pour le respect des données personnelles ?	
Pour la protection des animaux ?	

4 Associez les thèmes de société avec les préoccupations suivantes :

① Discrimination raciale	ⓐ Vie privée
② Respect de l'environnement	ⓑ Chômage
③ Difficulté à trouver un emploi	ⓒ Racisme
④ Interdiction de s'exprimer	ⓓ Écologie
⑤ Secret des informations personnelles	ⓔ Liberté de la presse

Ph**o**nétique

1 [e], [ɛ] ou [ə] ? Dites si les phrases que vous entendez sont au présent, au passé composé ou à l'imparfait.

	Présent	Passé composé	Imparfait
1.			
2.			
3.			
4.			
5.			
6.			
7.			
8.			

2 [o] ou [ɔ] ? Quel son entendez-vous quand vous prononcez les mots suivants ?

		[o]	[ɔ]
1.	Écologie		
2.	Environnement		
3.	Chômage		
4.	Préoccupation		
5.	Société		
6.	Pollution		
7.	Important		
8.	Tolérance		
9.	Bénévole		

3 Écoutez la chanson. Entendez-vous [o] ou [ɔ] dans les mots soulignés ?

Le ciment dans les plaines
Coule jusqu'aux montagnes
Poison dans les fontaines,
Dans nos campagnes ?

De cyclones en rafales
Notre histoire prend l'eau
Reste notre idéal
"Faire les beaux"

S'acheter de l'air en barre
Remplir la balance :
Quelques pétrodollars
Contre l'existence

De l'équateur aux pôles,
Ce poids sur nos épaules
De squatters éphémères...
Maintenant c'est plus drôle

Puisqu'il faut changer les choses
Aux arbres citoyens !
Il est grand temps qu'on propose
Un monde pour demain !

Aux arbres citoyens
Quelques baffes à prendre
La veille est pour demain
Des baffes à rendre

Faire tenir debout
Une armée de roseaux
Plus personne à genoux
Fais passer le mot

C'est vrai la Terre est ronde
Mais qui viendra nous dire
Qu'elle l'est pour tout le monde...
Et les autres à venir...

Puisqu'il faut changer les choses
Aux arbres citoyens !
Il est grand temps qu'on propose
Un monde pour demain !

Puisqu'il faut changer les choses
Aux arbres citoyens !
Il est grand temps qu'on s'oppose
Un monde pour demain !

Plus le temps de savoir à qui la faute
De compter la chance ou les autres
Maintenant on se bat
Avec toi moi j'y crois

Puisqu'il faut changer les choses
Aux arbres citoyens !
Il est grand temps qu'on propose
Un monde pour demain !

Aux arbres citoyens - Yannick Noah © 2006, PRKMUSIC.
Paroles : C. Torquiny - Musique : C. Battaglia

Grammaire

Annexes page 102-103

✱ Le passé composé / L'imparfait

On utilise l'imparfait pour les descriptions, les situations et les habitudes.

Ex. : Mon premier engagement, c'était contre le racisme.   ▶ Description dans le passé
      Il y a deux ans, j'allais à l'association tous les lundis.   ▶ Habitude dans le passé

On utilise le passé composé pour parler d'un événement ou de plusieurs événements qui se succèdent.

Ex. : Hier, je suis allé à la conférence avec mes copains.   ▶ Action passée et terminée
      Pendant les vacances, j'ai travaillé dans une association.

Dans un récit au passé, on utilise le passé composé et l'imparfait.

■ L'imparfait donne les éléments du décor (de la situation) et le passé composé sert à parler d'événements ponctuels, qui arrivent une fois.

Ex. : Je suis entré dans la salle de conférence pendant qu'il parlait.

      Événement   *Situation*

■ L'imparfait a une durée **indéfinie** et le passé composé a une durée **finie** (avec un début et une fin).

Ex. : Avant, les gens ne militaient pas pour le respect de la nature.
      Le 21 mars dernier a été une journée importante pour Léa.

⬛ 1 Mettez les verbes suivants au temps qui convient.

Avant, Isa (*militer*) ... dans une association de lutte pour le droit des animaux. Elle (*être*) ... très active. Elle (*aller*) ... régulièrement dans des congrès. Un jour, elle (*inviter*) ... à parler en public en Espagne. On lui (*proposer*) ... de faire une conférence sur les droits des animaux en France. Isa (*accepter*) ... mais elle (*être*) ... très nerveuse. Elle (*avoir peur*) ... de parler en espagnol devant toutes ces personnes.

⬛ 2 Imparfait ou passé composé ? Choisissez le temps qui convient.

ⓐ Hier, je (*suis allé/j'allais*) ... chez mes amis pour parler du congrès de Mexico.
ⓑ Quand j'étais plus jeune, (*j'ai pris/je prenais*) ... les transports en commun pour aller en classe.
ⓒ Mes amis (*sont partis/partaient*) ... faire de l'écotourisme l'été dernier au Costa-Rica.
ⓓ Quand il (*m'a téléphoné/me téléphonait*) ce matin, (*j'ai fait/je faisais*) ... ma présentation devant la classe.
ⓔ Le 21 mars, le maire (*a rappelé/rappelait*) ... que le racisme était un délit puni par la loi.
ⓕ Léa (*revenait/est revenue*) ... en France satisfaite de son intervention.

⬛ 3 Répondez aux questions suivantes.

ⓐ Qu'avez-vous fait hier soir ?   ⓒ Où avez-vous été en vacances la dernière fois ? Qu'avez-vous visité ?
ⓑ Où habitiez-vous quand vous étiez enfant ?   ⓓ Quelle musique aimiez-vous quand vous étiez plus jeune ?

✱ Les pronoms relatifs « dont » et « où »

Le pronom relatif « dont » remplace un complément précédé par la préposition « de ». Il est complément d'un verbe, d'un adjectif ou d'un nom.

Ex. : C'est le chômage dont les jeunes parlent le plus. ▶ *parler de* + nom

Le pronom relatif « où » est un relatif de lieu ou de temps. Il remplace une expression de lieu ou de temps.

Ex. : Le Sénégal est un pays d'Afrique où les jeunes sont engagés pour le respect de l'environnement.
      Le jour où Léa a donné une conférence, elle était très nerveuse.

Complétez les phrases suivantes avec « dont » ou « où ».

ⓐ Paul, l'ancien membre de l'association... je me souviens, était sympa.
ⓑ La petite ville ... se trouve le congrès est à 100 km de Bordeaux.
ⓒ L'endroit ... a lieu la conférence se trouve à 2 heures de train.
ⓓ Le pays .... tu fais la description n'existe pas.
ⓔ La seule décision ... je suis content est l'interdiction de polluer la mer.

 Créez une seule phrase à partir des deux proposées. Utilisez le pronom relatif « dont » ou « où ».

ⓐ Je suis né dans une très belle ville. Mais il y avait beaucoup de pollution. ▶ ...
ⓑ Le racisme est un grave problème de société. J'en ai peur. ▶ ...
ⓒ Cette association est très active. C'est là que je milite. ▶ ...
ⓓ Je rêve d'une victoire. C'est celle de gagner contre la mairie. ▶ ...

Annexes page 104

✱ Le discours rapporté au présent et au passé

On utilise le discours rapporté pour rapporter un dialogue ou des pensées au présent ou au passé.

■ Discours rapporté au présent
Ex. : « Je travaillerai pour la fondation Thuram. » ▶ Léa dit qu'elle travaillera pour la fondation Thuram.
Verbe de déclaration

■ Discours rapporté au passé
Quand le verbe de déclaration est **au passé** :
• le verbe **au présent** de la subordonnée **se met à l'imparfait**.
Ex. : Je pense que les voitures sont la principale cause de la pollution.
　　　Je pensais que les voitures étaient la principale cause de la pollution.
　　　　　　　Imparfait
• **le verbe au futur de la subordonnée se met au conditionnel présent**.
Ex. : Il dit que la conférence aura lieu à Moscou l'année prochaine.
　　　Il a dit que la conférence aurait lieu à Moscou l'année prochaine.
　　　　　　　Conditionnel

 Transformez les phrases au discours rapporté au passé.

ⓐ Ma mère me dit que je dois faire mes devoirs. ▶ ...
ⓑ Le président déclare que le chômage est la principale préoccupation des jeunes. ▶ ...
ⓒ Léa affirme que la conférence de l'année prochaine réunira plus de 300 personnes. ▶ ...
ⓓ Je pense que le voyage de Paris à Montréal durera 7 heures. ▶ ...
ⓔ Elle dit qu'elle ne va pas à Montréal car elle n'a pas le temps. ▶ ...

✱ La proposition incise

On utilise une proposition incise pour indiquer qui parle, sur quel ton, comment les paroles sont prononcées, etc. La proposition incise se met entre virgules et le sujet se place après le verbe.
Ex. : Pour se construire, explique Jean Dujardin, les enfants séparés de leurs parents ont besoin de grandir dans une maison construite pour eux.

 Remettez les mots dans l'ordre pour faire des phrases. Ajoutez la ponctuation nécessaire.

ⓐ de regarder / dit Julia / J'en ai assez / en éteignant / le téléviseur / la télévision
ⓑ dit le présentateur / Il ne faut pas / encore gagner le jeu / vous décourager / vous pouvez
ⓒ pourquoi es-tu contre la téléréalité / peux-tu me dire / demanda Franck en colère / Dis-moi Henry /
ⓓ ajouta-t-il / J'en ai assez entendu / en se levant / d'un air furieux

Oral

 Écouter

L'écotourisme : une nouvelle manière de militer !

1 Écoutez le dialogue.

2 Situez le département de la Guyane française et le Brésil sur la carte ci-contre.

3 Complétez la carte d'identité de la Guyane :

ⓐ Durée du voyage entre Paris et la Guyane française	
ⓑ Nom de la plus grande ville	

4 Donnez trois caractéristiques de l'écotourisme.

5 Quels lieux Léa propose-t-elle de visiter ? Citez-en 3.

6 À quel moment peut-on voir les tortues de mer ?

7 Pourquoi le prix du voyage est intéressant ?

8 Qu'est-ce qui est compris dans le prix du voyage ?

    ⓐ Le prix du billet d'avion, c'est tout.
    ⓑ Le prix du billet d'avion et du matériel.
    ⓒ Le prix du billet d'avion, du matériel et de la nourriture.
    ⓓ Le prix du billet d'avion, du matériel, de la nourriture et des activités.

9 Le voyage en Guyane française que propose Léa est-il un voyage militant ?
Donnez deux raisons.

 Les mots pour...

parler du tourisme militant et engagé

• Faire de l'écotourisme
• Respecter la nature
• Consommer des produits locaux
• Observer les animaux (les tortues, par exemple)
• Découvrir et rencontrer les gens
• Ne pas polluer
• Faire de la randonnée
• Camper

Enregistre

1 Qui doit s'occuper de quoi ?

Vous partez faire de l'écotourisme avec un groupe de 3 ou 4 amis. Vous devez vous organiser avant de partir. Il est important de répartir les rôles de chacun pour que le voyage soit réussi. Mettez-vous d'accord entre vous pour savoir qui va s'occuper de l'hébergement (réservation et choix des campings, hôtels, auberges...), des repas (achat de la nourriture, choix des menus, préparation des repas...), de l'argent (gestion de la caisse commune, gestion des dépenses, choix des achats...), du circuit (choix des lieux à visiter, temps passé dans chaque endroit, itinéraires utilisés...).

Complétez le tableau. Justifiez l'attribution des responsabilités pour chacune des personnes du groupe.

Responsabilité	Prénom du responsable	Raison
Hébergement		
Repas		
Argent		
Circuit		

2 Voici 8 thèmes différents.

Classez-les par ordre d'importance pour vous. Donnez les raisons de votre classement. Y a-t-il d'autres thèmes qui sont importants pour vous ? Lesquels ? Pourquoi ?

L'égalité hommes/femmes • La liberté de la presse • La lutte contre le racisme • La lutte contre la pollution • La baisse du chômage • Le respect de la vie privée • Les droits des animaux • L'égalité des cultures

3 Vous êtes membre d'une association. Vous êtes invité(e) à la présenter devant la classe sous la forme d'un exposé. Vous devez aussi expliquer ce que vous défendez et pourquoi c'est très important pour vous. Enfin, donnez des arguments aux personnes qui vous écoutent pour qu'elles deviennent membres de votre association.

Faites votre présentation à deux ou à trois. Préparez-vous bien avant ! Allez sur Internet pour découvrir et choisir votre association. Pour rendre votre exposé plus agréable, utilisez des photos et de courts textes que vous intégrerez à une présentation PowerPoint.

➕ Pour vous aider !

Pour présenter votre association, vous devez :
- dire quel est son objectif (quelle est votre lutte)
- parler de ses membres (âge, nombre...)
- décrire vos actions (journal, manifestation, conférence, débat, émission de radio...)
- expliquer qui vous aide (mairie, école, autre association, personnes connues...)
- dire pourquoi cette cause est importante

Six ados français au Bénin pour l'Unicef

L'arrivée

Samedi 21 avril, six ados français sont partis au Bénin. Ces lycéens sont de *Jeunes Ambassadeurs* de l'Unicef. Chaque année, cette association organise une mission d'observation à l'étranger pour ses *Jeunes Ambassadeurs*. Sur les 60 *Jeunes Ambassadeurs* français qui voulaient partir au Bénin, six ont été sélectionnés : Loïc, Louise, Joséphine, Claire, Romane et Kevin. Pourquoi eux ? Ce sont leur motivation, leur goût pour l'écriture, leur capacité à bien s'exprimer à l'oral et, bien sûr, leur investissement qui ont fait la différence. Leur rôle ? Observer, sur le terrain, les actions de l'Unicef sur l'éducation, la protection de l'enfance et la santé. De retour en France, ils témoigneront de ce qu'ils ont vu, de ce qu'ils ont appris et de ce qu'ils ont compris. Les six *Jeunes Ambassadeurs* réalisent également, pendant leur voyage, un documentaire Internet : ils interviewent des personnes, prennent des photos et filment.

L'avant-dernier jour

Les ados ont préparé les présentations qu'ils devaient faire. Avant leur départ du Bénin, les jeunes ont rencontré les représentants de l'Unicef, à Cotonou, à qui ils ont présenté leur séjour. Chacun a choisi de parler du sujet qui l'a le plus touché. Kevin a parlé des actions pour l'éducation, Claire a décrit le système de protection de l'enfance, Louise et Loïc ont résumé ce qu'ils ont appris sur la santé des enfants (dépistage du VIH, combat contre la malnutrition, vaccination contre les maladies infantiles et sensibilisation au paludisme). Romane s'est intéressée à la protection animale et Joséphine à la protection de l'environnement. Les Béninois ont été étonnés par leur capacité d'adaptation et par leur précision pour raconter leur voyage. Demain, avant de partir pour Paris, les *Jeunes Ambassadeurs* rencontreront des ados béninois engagés pour le droit des enfants dans leur pays.

1 Qu'est-ce que l'Unicef ? Si vous ne connaissez pas cet organisme, allez sur Internet pour trouver des informations : www.unicef.fr

2 Pourquoi Louise, Loïc, Claire, Joséphine, Romane et Kevin ont-ils été choisis ? Donnez 4 raisons.

3 Que devront faire les *Jeunes Ambassadeurs* pendant leur séjour ?

ⓐ Observer la situation et sensibiliser les jeunes Béninois à différents problèmes.
ⓑ Observer la situation, interroger des Béninois et témoigner de leur situation.
ⓒ Décrire leur vie quotidienne et sensibiliser les Béninois à la vie en France.
ⓓ Témoigner de leur vie en France et raconter leur voyage à leur retour.

4 À quoi chacun des *Jeunes Ambassadeurs* s'est-il intéressé pendant son séjour au Bénin ?

ⓐ Kevin	① Les animaux
ⓑ Louise	② La santé
ⓒ Joséphine	③ Les droits des enfants
ⓓ Romane	④ L'écologie
ⓔ Claire	⑤ L'éducation
ⓕ Loïc	⑥ La protection de l'enfance

5 D'après les Béninois, quelles sont les deux qualités principales des *Jeunes Ambassadeurs* ?

➕ Les mots pour...

parler de l'engagement
- La motivation
- Le combat
- L'observation
- L'investissement
- L'adaptation
- La description
- Le témoignage
- La sensibilisation

parler des maladies et des solutions
- Le paludisme, le VIH, la malnutrition
- Les maladies infantiles
- La vaccination
- Le dépistage

 **Écrire**

 1 **Pour ou contre la corrida ? Répondez aux questions posées dans l'article et donnez votre avis.** (150 mots)

LE JOURNAL DES LYCÉENS ENQUÊTE...

Êtes-vous pour ou contre la corrida ?

La corrida est très populaire dans certains pays comme l'Espagne, la France ou le Mexique.
Votre avis sur cette question nous intéresse pour un prochain article dans votre journal !

Dites-nous ce que vous pensez de la corrida. Est-ce que c'est un spectacle du passé ? Faut-il l'interdire ? Faut-il la défendre ? Pourquoi ? Y a-t-il dans votre pays des spectacles avec des animaux qui provoquent un débat ? Êtes-vous pour ou contre la corrida ?

Écrivez-nous à lacorrida@monopinion.com

Nouveau message

Envoyer Discussion Joindre Adresses Polices Couleurs Enr. brouillon Navigateur de photos Afficher les modèles

À : lacorrida@monopinion.com
Cc :
Répondre à :
Objet : Mon avis sur la corrida
De : moi@internet.com
Signature : Aucune

 2 **Vous avez créé dans votre lycée une association pour le respect de l'environnement, dont voici l'affiche ci-contre.**

Par groupe de 2 ou 3, écrivez, en 150 à 200 mots, une annonce pour avoir de nouveaux membres :

a Vous donnez un nom à votre association.

b Vous décrivez vos actions.

c Vous expliquez pourquoi il est important de lutter contre la pollution.

d Vous expliquez comment on peut devenir membre de votre association.

Tu rêves d'une planète verte ?
Tu peux agir sur
l'eau, l'énergie, la biodiversité, les déchets

l'énergie   l'eau
les déchets   l'alimentation
la biodiversité

Le changement commence au lycée
Construisons ensemble un **éco-lycée**
Un projet du Lycée Élie Faure de Lormont

Les stars militent...

Tout le monde sait que Brad Pitt et Angelina Jolie sont engagés pour la protection des enfants et que Matt Damon a créé une association pour l'accès à l'eau. Au Mexique, c'est l'acteur **Gael García Bernal** qui milite pour l'association « Survival ». Ce mouvement lutte pour les droits des peuples indigènes*.

En France, c'est la même chose. Les sportifs, les personnalités politiques, les acteurs, les chanteurs, tout le monde s'engage. L'association des « Restos du cœur » en est un bel exemple. Créée en 1985 par le comique Coluche, cette association distribue gratuitement de la nourriture aux personnes qui ont peu d'argent. Plus de 100 millions de repas sont

servis chaque année. Mais « Les Restos du cœur », c'est aussi un groupe de cinquante stars du monde du spectacle et du sport, **Les Enfoirés**, qui offre des concerts énormes, dans toute la France, pour réunir de l'argent. Devons-nous nous interroger sur la réelle motivation des stars pour leur combat ? S'engagent-ils seulement par conviction personnelle ou pour se faire un peu de publicité ?

* indigène : originaire du pays dont on parle.

Un concert des Enfoirés

Jean Dujardin s'engage !

La fondation « Action Enfance » accueille, protège et éduque, depuis 50 ans, des jeunes en danger, de l'enfance à la vie adulte. Elle leur propose éducation et protection pour devenir des adultes responsables, capables de trouver une place dans la société. Ces enfants et adolescents sont accueillis à la fondation Action Enfance sur décision du juge des enfants.

En 2009, Jean Dujardin, le célèbre comédien français qui a remporté l'Oscar du meilleur acteur à Hollywood en 2012, devient le parrain (le représentant officiel) de la fondation aux côtés de Marc Lièvremont, l'ancien sélectionneur de l'équipe de France de rugby. Dans une vidéo pour la fondation Action Enfance, il parle de son engagement : « *Pour se construire*, explique Jean Dujardin, *les enfants séparés de leurs parents ont besoin de grandir dans une maison construite pour eux, où, avec leurs frères et sœurs, ils peuvent vivre entourés de beaucoup d'attention et d'amour. Ils ont aussi besoin de moi... Et de vous.* »

1 Par groupe de 2 ou 3, répondez aux questions et présentez vos réponses à la classe.

(a) Connaissez-vous « Les Restos du cœur » ? Faites une recherche sur Internet si vous ne connaissez pas cette association. Existe-t-il une association identique dans votre pays ?
(b) Quel débat ouvre l'auteur de cet article ? Qu'en pensez-vous ?
(c) Connaissez-vous des stars qui sont engagées pour une cause ?

2 Répondez aux questions.

(a) Connaissez-vous Jean Dujardin ? Pour quel film a-t-il eu un Oscar ? Dans quels autres films a-t-il joué ?
(b) Quel genre d'action réalise la fondation pour laquelle il milite ?
(c) Pourquoi les jeunes viennent-ils à la fondation MVE ?
(d) Est-il le seul parrain de cette fondation ?
(e) Que signifie la dernière phrase de Jean Dujardin : « *Ils ont aussi besoin de moi... Et de vous.* » ?

Les 6 personnalités préférées des Français et leur engagement

	Nom	Profession(s)	Nom de l'association	Thème
	Jean-Jacques Goldman	Chanteur	*Les restos du cœur*	Aide aux personnes sans ressources
	Omar Sy	Comédien Humoriste	*Les enfants handicapés « Cé ke du bonheur »*	Protection des enfants handicapés
	Simone Veil	Femme politique	*Fonds européen pour la liberté d'expression*	Combat pour la liberté d'expression
	Sophie Marceau	Comédienne	*Association Arc-en-ciel*	Aide aux enfants malades
	Jean Reno	Comédien	*Fondation ICM*	Lutte contre la maladie
	Dany Boon	Comédien Humoriste	*Fondation Children Action*	Aide aux enfants en difficultés

3 Répondez aux questions.

ⓐ Connaissez-vous certaines des personnalités du tableau ci-dessus ? Lesquelles ?

ⓑ Les aimez-vous ? Pourquoi ?
Regardez les professions des personnalités engagées. Que remarquez-vous ?

ⓒ Lisez bien les thèmes des associations présentées. Que remarquez-vous ?
Quelle est votre explication ?

ⓓ Pour quelle association présentée dans le tableau voudriez-vous militer ?
Pourquoi ?

ⓔ Trouvez quatre personnalités de votre pays qui s'engagent.

Nom	Profession(s)	Nom de l'association	Thème

Test

1 Passé composé ou imparfait ? Mettez les verbes au temps qui convient. ...... /5

(a) Hier, avec mes copains, on (*aller*) ... s'inscrire pour le voyage en Guyane. On (*être*) ... très contents.
(b) Quand ma mère (*avoir*) ... 18 ans, elle (*prendre*) ... le métro tous les jours pour aller à l'association où elle (*militer*) ... .
(c) Je (*lire*) ... l'article sur le voyage des jeunes Français qui (*partir*) ... au Bénin, mais je (*ne pas tout comprendre*) ... .
(d) Mon ami (*faire*) ... ses devoirs quand je (*arriver*) ... chez lui.

2 Complétez les phrases avec : qui - que - dont - où. ...... /5

(a) Le Québec est une province du Canada. Mais Québec, c'est la ville ... je suis né.
(b) L'homme ... a fait la conférence hier est un professeur d'université.
(c) C'est le non-respect de l'environnement ... me préoccupe le plus.
(d) L'association ... Lilian Thuram est le président est très active.
(e) L'association ... ma sœur connaît milite pour le droit des animaux.

3 Mettez les verbes au temps qui convient. ...... /5

(a) Je crois que mes parents (*ne pas venir*) ... la semaine prochaine.
(b) Il m'a dit que sa sœur (*militer*) ... maintenant dans un parti écologiste.
(c) Ma voisine m'a raconté que le centre-ville (*être*) ... interdit aux voitures depuis ce matin.
(d) Mon frère dit qu'il (*avoir*) ... peur du chômage.
(e) Mes copains pensaient qu'ils (*partir*) ... en Guyane cet été. Mais cela n'a pas été possible.

4 Complétez les phrases avec les mots suivants : ...... /5
l'intolérance - la fraternité - l'égalité - la solidarité - la discrimination.

(a) Le racisme, c'est de ... .
(b) ..., c'est aider ceux qui ont des problèmes.
(c) Traiter toutes les personnes de la même manière, c'est ... .
(d) L'exclusion de certaines personnes de la société, c'est de ... .
(e) ..., c'est considérer les autres comme ses amis.

Corrigez en classe et comptez votre score.

Vous avez entre 18 et 20 points ? Bravo !
Vous avez autour de 15 points ? Pas mal.
Vous avez moins de 15 points ? Révisez l'unité et mémorisez !

Unité 3

Gourmet **o**u gourmand ?

Parler de vérités générales

Analyser les changements dans la société

Avertir

À l'oral

Vive les fruits et les légumes !

> **L'animatrice** : Bonjour à tous ! Aujourd'hui dans « Ado direct », nous recevons le Dr Jérôme Thévenot, nutritionniste, qui est là pour répondre à toutes les questions que vous vous posez sur l'alimentation, les régimes, les allergies alimentaires, etc. Vous pouvez lui poser vos questions sur notre site Internet « www.adodirect.fr » ou au 01 45 90 60 00. Docteur Thévenot, bonjour.
>
> **Dr Thévenot** : Bonjour.
>
> **L'animatrice** : Alors nous prenons tout de suite l'appel de Lisa, 16 ans. Bonjour, Lisa, on t'écoute.
>
> **Lisa** : Bonjour ! On entend de plus en plus qu'il faut manger cinq portions de fruits et légumes par jour. Qu'est-ce que ça signifie cinq portions ?
>
> **Dr Thévenot** : Une portion, c'est l'équivalent de 100 grammes, c'est-à-dire une poignée ou deux cuillères à soupe pleines. C'est, par exemple, deux abricots, une tranche de melon ou d'ananas, un petit bol de compote, une pêche, cinq ou six fraises, une dizaine de framboises ou de cerises. Et pour les légumes, deux cuillères à soupe pleines d'épinards, une poignée de haricots verts ou de petits pois.
>
> **L'animatrice** : Et si on ne mangeait pas de fruits ou de légumes, qu'est-ce qui se passerait dans notre corps ?
>
> [...]

Les mots pour...

pour parler de la santé	pour parler de la cuisine	pour parler des quantités
• Un nutritionniste	• Cuisiner	• Une portion
• Une analyse médicale	• Chauffer	• Un gramme
• Une allergie alimentaire / Être allergique	• Le micro-ondes	• Une poignée
• Développer une maladie	• Une poêle	• Une cuillère (à soupe)
• Se sentir mal	• Une casserole	• Une tranche
• Avoir mal au ventre	• Cru	... de quelques aliments
• Vomir	• Surgelé	• Une sauce
• S'inquiéter	• En boîte de conserve	• Une omelette
• Conseiller	• L'huile	• Une ratatouille
• Une fibre alimentaire	• La margarine	• Une compote
• Calorique		• Une tarte

1 Écoutez le document.

2 Répondez aux questions.

a Que faut-il faire pour poser une question dans l'émission ?

b Quelle quantité de fruits et légumes faut-il manger au minimum chaque jour ?
- 100 grammes.
- 300 grammes.
- 500 grammes.

c Quels fruits sont donnés en exemple par le médecin ?

d Quels légumes sont donnés en exemple par le médecin ?

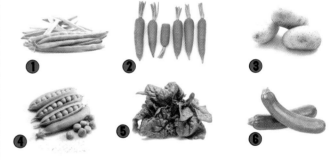

e Quels éléments nous apportent les fruits ?

f D'après le médecin, quels sont les avantages des fruits et des légumes ?
- Ils ne coûtent pas chers.
- Ils sont faciles à préparer.
- On peut les manger crus.
- Ils se conservent longtemps.
- Ils permettent de rester mince.

g Quels légumes peut-on ajouter à certains plats ?

h Pourquoi Sam appelle-t-il ?

i Que lui conseille Dr Thévenot ?
- De venir le voir.
- De prendre des médicaments.
- De prendre rendez-vous avec son médecin.

À l'écrit

Gâteau au yaourt, aux amandes et aux poires

Ingrédients

- 1 yaourt nature
- 3 œufs
- 150 g (ou 1,5 pot de yaourt) de sucre
- 200 g (ou 2 pots de yaourt) de farine
- 100 g (ou 1 pot de yaourt) de poudre d'amandes
- 100 ml (ou ½ pot de yaourt) d'huile
- 1 sachet de levure chimique
- 3 poires (éventuellement en conserve)
- 10 g de beurre (pour beurrer le moule)

Dans un saladier, mélangez au fouet ou à la fourchette le yaourt, les jaunes d'œufs et le sucre (vous pouvez rincer le pot de yaourt et l'utiliser comme un ustensile de mesure).

Ajoutez progressivement la farine, la poudre d'amandes, la levure puis l'huile.

Battez les blancs en neige au batteur électrique. Ajoutez-les au mélange.

Préparez les poires. Épluchez-les ou égouttez-les si elles sont en conserve.

Coupez-les en morceaux avec un couteau. Ajoutez les fruits coupés à la pâte.

Versez la pâte dans un moule beurré.

Enfournez pendant 35 à 40 min à 180°C.

Quand le gâteau est cuit, sortez-le du four et démoulez-le sur un plat de service.

Vous pouvez l'accompagner d'une boule de glace à la vanille.

---

1 Pour préparer cette recette, que faut-il faire en premier ?

2 Associez les ingrédients aux bonnes quantités.

- **a** 150 g
- **b** 100 ml
- **c** 10 g
- **d** 200 g
- **e** 100 g

3 Comment faut-il préparer les poires ?

4 Combien de temps doit cuire le gâteau ?

5 Avec quoi peut-on servir le gâteau ?

➕ Les mots pour...

Cuisiner	Les ustensiles de cuisine	Les unités de mesure	Les ingrédients
• Ajouter	• Un moule	• °C = degré Celsius	• Un jaune d'œuf
• Battre	• Un saladier	• kg = kilo ; g = gramme	• Un blanc d'œuf
• Beurrer	• Une fourchette	• l = litre, cl = centilitre	• Des blancs en neige
• Couper	• Un couteau	ml = millilitre	• Un morceau
• Cuire	• Un fouet	• Un sachet	• La pâte
• Décongeler	• Un batteur électrique	• Une boule (de glace)	• La levure
• Démouler		• Un pot	• La poudre d'amandes
• Égoutter	• Un plat de service		• La farine
• Éplucher	• Un four		• Le beurre
• Enfourner			• La vanille
• Mélanger			
• Servir			
• Verser			

Vocabulaire

1 Classez les mots suivants dans le tableau.

un oignon - un abricot - un poivron - une fraise - un petit pois - un melon - un épinard - une aubergine - un champignon - une pêche - une framboise - un haricot vert - un ananas - une cerise

Fruits	Légumes

2 Trouvez les noms des objets suivants.

3 Complétez la recette.

Clafoutis aux cerises

Ingrédients pour 8 personnes :

ⓐ 120 ... de beurre
ⓑ 1 ... de cerises
ⓒ 200 ... de sucre
ⓓ 150 ... de farine
ⓔ 4 œufs
ⓕ 250 ... de lait

❶ Enlevez le noyau des cerises.
❷ ... la farine, les œufs, le beurre et le sucre dans un ... avec un ... .
❸ Mettez les cerises dans le fond d'un ... beurré et ... la préparation dessus.
❹ ... à 200 ... pendant 30 minutes.
❺ Quand c'est cuit, ... le clafoutis sur un ... .

4 Complétez le texte avec les mots suivants.

analyses médicales - tombé malade - régime - inquiet - allergique - mal au ventre - conseillé - vomi - nutritionniste

Erwan est ... aux œufs. La dernière fois qu'il en a mangé, il est ... .
Il a eu très ... et il a ... . Il était ... . Le ... lui a ... de faire des ... . Il doit suivre un ... spécial, sans œufs.

Ph**o**nétique

1 Dites si vous entendez le son [g] ou le son [ʃ] dans les mots.

	1.	2.	3.	4.	5.	6.	7.	8.
[g]								
[ʃ]								

2 Complétez les mots avec les lettres « g » ou « ch ».

a J'é...outte les pê...es.
b J'éplu...e des ...ampignons.
c Je fais ...auffer la mar...arine.

3 Classez les mots suivants dans le tableau selon la prononciation des lettres soulignées.

c**e**rise - l**e**vure - m**e**lon - r**é**gime - **é**goutt**er** - démoul**er** - om**e**lette - d**é**licieux - développ**er** - m**é**langer - surg**e**lé - d**e**gré - spécialit**é**

[ə] comme dans r**e**cette	[e] comme dans **é**pinard

4 Dites si vous entendez le son [s], le son [z] ou les deux.

	1.	2.	3.	4.	5.	6.	7.	8.
[s]								
[z]								
Les deux								

5 Complétez les phrases suivantes avec les lettres « u » ou « ou », puis prononcez-les.

a Elle aj...te de la lev...re dans le claf...tis.
b Je c...pe le p...let avec un c...teau.
c J'enf...rne le gâteau à 200 degrés Celsi...s.
d Aj...tez de la lev...re et de la p...dre d'amandes.
e La n...tritionniste conseille de manger des lég...mes cr...s.

6 Classez les mots suivants dans le tableau selon la prononciation des lettres en rouge.

mélanger - allergie - ratatouille - aubergine - conseiller - cuillère - jaune d'œuf - blanc en neige

[j] comme dans vanille	[ʒ] comme dans régime

7 Comment peut s'écrire le son [j] ?

Grammaire

 Les expressions de la quantité  Annexes page 104

Quantité déterminée (= comptable)	Quantité indéterminée (= non comptable)
• Ajoute un kilo d'oignons. • Coupe 200 grammes de poivron. • Achète six litres de lait. • Donne-lui 25 centilitres d'eau. • Nous mangeons cinq portions de fruits et légumes. • Mets une poignée de haricots dans l'eau. • Donne-moi un pot de yaourt. • Je mélange la farine avec un sachet de levure. • Je voudrais deux boules de glace en dessert. • Il a déjà mis trois cuillères d'huile. • Tu manges dix tranches de pain tous les jours ! • Coupe huit morceaux de pêche. • Sers-nous un bol de salade de fruits.	• Je mange du poisson. • Je prépare de la ratatouille. • Je cuisine des légumes. • Je mange énormément de fromage tous les jours. • J'ajoute beaucoup de farine. • Tu mélanges plusieurs ingrédients. • Je mets quelques champignons dans la sauce. • Je coupe un peu de fruits. • Il y a trop peu de sel dans ta sauce. • Il y a assez de beurre sur ton pain. • J'ai mis trop d'huile dans le plat.

1 Transformez les phrases. Vous devez modifier l'expression de la quantité.

Ex. : Il met un morceau de sucre dans son café.

Quantité indéterminée

▶ Il met un peu de sucre dans son café.

a Léa a cuisiné trois entrées. ▶ ...

b Ajoute 50 grammes de farine. ▶ ...

c Alex mange un kilo de chocolat chaque jour. ▶ ...

d Achète 5 ou 6 aubergines pour la ratatouille. ▶ ...

e Eva met 3 morceaux de sucre dans son thé. ▶ ...

f Il a mis un gramme de sel dans ses frites, on ne le sent pas. ▶ ...

 La négation

La négation entoure le verbe :	Attention !
• Je ne mange pas d'épinards. • Il ne finit jamais son assiette. • Tu ne veux plus de petits pois ? • Elle n'a rien mangé hier.	• Je prends de la compote ▶ Je ne prends pas de compote. • Aux temps composés, la négation entoure l'auxiliaire : Je n'ai pas mangé d'ananas.

2 Dites le contraire des phrases suivantes.

Ex. : Il a tout mangé. ▶ Il n'a rien mangé.

a Fred mange toujours des fruits en dessert. ▶ ...

b Vous voulez encore du melon ? ▶ ...

c Vous avez faim ? ▶ ...

d Anaïs va tout finir. ▶ ...

e J'ai tout mis dans le moule. ▶ ...

f Zoé a préparé une tarte aux framboises. ▶ ...

 Le conditionnel présent  Annexes page 104

Le conditionnel présent s'utilise pour exprimer :
- une demande polie : Pourriez-vous m'aider, s'il vous plaît ?
- un souhait : J'aimerais manger du poisson ce midi.
- une probabilité : Il devrait venir demain.
- un conseil : Tu devrais manger moins de beurre.

Mettez les verbes entre parenthèses au conditionnel et indiquez quel est l'emploi du conditionnel.

Ex. : Ils **devraient** (devoir) arriver à 19 heures ce soir pour le repas. ▶ Emploi : **probabilité**

a ... (*avoir*) -vous le menu, s'il vous plaît ? ▶ Emploi : ...
b Ils ... (*vouloir*) aller au restaurant demain. ▶ Emploi : ...
c Vous ... (*devoir*) aller voir un médecin. ▶ Emploi : ...

d Tu ... (*pouvoir*) peut-être préparer un dessert. ▶ Emploi : ...
e Ne mange pas ces champignons, tu ... (*risquer*) d'être malade. ▶ Emploi : ...

✱ L'expression de l'hypothèse

Annexes page 105

· **L'expression de l'hypothèse probable (quelque chose qui peut se réaliser avec une condition)**
On utilise si + verbe au présent , verbe au futur pour faire une hypothèse sur le futur.
Ex. : Si j'**ai** le temps, je **préparerai** le repas ce soir.
Condition
Si tu **manges** tous les jours au fast-food, tu **tomberas** malade.

· **L'expression de l'hypothèse improbable (quelque chose qui ne peut pas se réaliser ou qui n'existe pas)**
On utilise si + verbe à l'imparfait , verbe au conditionnel pour faire une hypothèse sur le présent.
Ex. : Si j'**avais** du chocolat, je **ferais** un gâteau. (mais je n'ai pas de chocolat donc je ne ferai pas de gâteau).
Si on ne **mangeait** pas de fruits ou de légumes, on **développerait** de nombreuses maladies.

Attention : « Si » s'écrit « s' » devant les pronoms personnels sujets « il » et « ils ».
Ex. : **S'il** peut, il viendra ce soir.
S'ils pouvaient, ils iraient au restaurant avec nous.

4 Dans les phrases suivantes, dites si l'hypothèse est probable ou improbable.

Ex. : Si j'étais allergique au lait, je le saurais. ▶ Hypothèse improbable

a Si je mange à la maison, je t'appellerai. ▶ ...
b Si Dalia avait le temps, elle irait au marché. ▶ ...
c Si Xavier aimait le chocolat, je lui en achèterais. ▶ ...

d Si nous pouvons venir à la fête, nous apporterons un gâteau. ▶ ...
e Si Emma n'était pas malade, elle mangerait avec nous au restaurant. ▶ ...

5 Faites des hypothèses en conjuguant les verbes à la personne indiquée entre parenthèses.

Ex. : Manger des légumes - être en bonne santé (je) = hypothèse probable ▶ Si je mange des légumes, je serai en bonne santé.

a venir demain - apporter un dessert (il) = hypothèse probable ▶ ...
b avoir faim - manger une grande omelette (tu) = hypothèse improbable ▶ ...
c être à l'heure - aller au restaurant avec vous (je) = hypothèse probable ▶ ...
d avoir les ingrédients - faire une tarte aux abricots (nous) = hypothèse improbable ▶ ...

✱ Le plus-que-parfait

Annexes page 105

■ **Le plus-que-parfait permet de parler d'une action qui s'est déroulée avant une autre action passée.**
Ex. : La cuisine **était** pleine de casseroles car Karine avait préparé le repas.

	Passé		Présent	Futur
Karine avait préparé le repas.		La cuisine était pleine de casseroles.		

Formation : auxiliaire **être** ou **avoir** à l'imparfait + **participé passé** du verbe

■ **On utilise parfois l'adverbe *déjà* avec le plus-que-parfait. Il se place après l'auxiliaire.**
Ex. : J'avais déjà fait les courses quand il est rentré.
J'avais déjà été malade en mangeant un yaourt.

Mettez les verbes entre parenthèses au plus-que-parfait.

a Pour le repas d'hier, j'... (*préparer*) une tarte aux fraises
b Avant de découvrir son allergie, Elsa ... (*faire*) des analyses médicales.
c Tu ... (*déjà cuisiner*) des épinards avant ?

d Nous ... (*déjà aller*) plusieurs fois chez ce nutritionniste.
e Avant de servir le gâteau, ils l'... (*mettre*) au réfrigérateur.
f Vous ... (*déjà manger*) du clafoutis avant aujourd'hui ?

Oral

 Écouter

Marchés ou hypermarchés ?

1 Écoutez le document et répondez aux questions.

ⓐ Où se trouve Julien ?

ⓑ Que fait-il ?

ⓒ Recopiez le tableau dans votre cahier et complètez-le.

	préfère les marchés	préfère les supermarchés	Pourquoi ?
Femme 1	☐	☐	
Homme 1	☐	☐	
Femme 2	☐	☐	
Homme 2	☐	☐	
Femme 3	☐	☐	
Homme 3	☐	☐	

2 Écoutez le document et répondez aux questions.

ⓐ Que peut-on acheter chez un primeur ?
- De la viande.
- Des produits laitiers.
- Des fruits et des légumes.

ⓑ Que veut préparer l'homme ?

ⓒ L'homme préfère consommer des produits...
- de saison.
- locaux.
- biologiques.

ⓓ Qu'achète l'homme ? Faites la liste de tous les produits.

ⓔ Quel type de commerce appelle-t-on « commerce de proximité » ?
Citez des exemples.

➕ Les mots pour...

parler du commerce

• Le marché	• Un produit frais	• Un régal / Se régaler
• Le supermarché	biologique / bio	• Délicieux
• L'hypermarché	local	• Convivial / La convivialité
• Le commerce de proximité :	original	• Un luxe
l'épicier, le charcutier, le primeur	de saison	
• La grande surface	naturel	• Le bricolage
• Faire la queue		• Le jardinage
• La caisse		
• Le rayon		
• Une marque		
• Un emballage		

Parler

1 Par deux, répondez aux questions suivantes.

@ Connaissez-vous des recettes de cuisine ? Lesquelles ? Expliquez-en une.

ⓑ Mangez-vous cinq portions de fruits et légumes par jour ? Lesquels préférez-vous ?

ⓒ Avez-vous déjà eu des problèmes de santé liés à votre alimentation ? Racontez.

ⓓ Préférez-vous faire les courses au marché ou au supermarché ? Pourquoi ?
Qu'achetez-vous en général ?

ⓔ Mangez-vous des produits biologiques ? Lesquels ? Où les achetez-vous ?
Est-ce important pour vous ?

ⓕ Dans votre ville, y a-t-il plus de commerces de proximité ou de supermarchés ?
Est-ce que les commerces changent souvent ? Racontez.

2 Jeu de rôle : chez le nutritionniste
Vous allez chez un(e) nutritionniste pour parler
de vos problèmes d'alimentation. Le/La nutritionniste
vous donne des conseils.
Aidez-vous de la boîte à outils page 46.

Votre voisin(e) joue le rôle du/de la nutritionniste,
puis vous inversez les rôles.

3 Micro-trottoir : habitudes alimentaires
Interrogez les jeunes de votre classe pour connaître
leurs habitudes alimentaires (produits biologiques,
cinq portions de fruits et légumes par jour, fast-foods,
problèmes d'allergie, etc.).

Par groupe de 3, préparez les questions que vous allez poser
à vos camarades, puis interrogez-les.
Notez leurs réponses, puis préparez un compte-rendu
que vous présenterez au reste de la classe à l'oral.

Écrit

Lire

Le succès des émissions de téléréalité culinaires

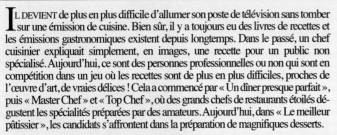

IL DEVIENT de plus en plus difficile d'allumer son poste de télévision sans tomber sur une émission de cuisine. Bien sûr, il y a toujours eu des livres de recettes et les émissions gastronomiques existent depuis longtemps. Dans le passé, un chef cuisinier expliquait simplement, en images, une recette pour un public non spécialisé. Aujourd'hui, ce sont des personnes professionnelles ou non qui sont en compétition dans un jeu où les recettes sont de plus en plus difficiles, proches de l'œuvre d'art, de vraies délices ! Cela a commencé par « Un dîner presque parfait », puis « Master Chef » et « Top Chef », où des grands chefs de restaurants étoilés dégustent les spécialités préparées par des amateurs. Aujourd'hui, dans « Le meilleur pâtissier », les candidats s'affrontent dans la préparation de magnifiques desserts.

Comment expliquer le succès de ces émissions ?

À côté du fast-food dans lequel on va pour la facilité et la rapidité, les Français aiment les bons produits, les produits biologiques, les produits locaux, la cuisine au naturel, etc., comme en réaction à leur quotidien. On mange des pizzas surgelées la semaine, mais on revient aux plats traditionnels le week-end, comme la blanquette de veau ou le pot-au-feu. Les fêtes de fin d'année, de famille ou les anniversaires sont des occasions particulières de redécouvrir les plats typiques : quoi de meilleur qu'un foie gras gourmand aux figues, une dinde aux marrons ou un bœuf bourguignon ? Le succès des émissions culinaires s'expliquerait donc de manière un peu paradoxale : on n'a plus vraiment le temps de cuisiner tous les jours, donc on devient fin gourmet et l'on apprécie la bonne cuisine parce qu'elle nous manque.

Ces émissions ont également un impact sur le commerce : les formations et cours de cuisine se multiplient, et on trouve de plus en plus de livres de recettes en librairie. Cela crée aussi des vocations* vers les métiers de la restauration, ce qui est positif quand on sait que l'on manque aujourd'hui de cuisiniers.

On peut espérer que ces émissions encouragent** aussi le public à faire plus attention aux produits consommés. Beaucoup d'émissions insistent, en effet, sur l'importance de la qualité des produits de départ, sur leur fraîcheur, sur le fait d'utiliser des produits locaux, de saison ou biologiques, sur l'importance d'une alimentation équilibrée, etc. Cela pourrait modifier la manière de consommer des familles.

Autre bénéfice que l'on peut espérer : plus de convivialité. Même si c'est un peu par jeu ou par mode, porter plus d'attention aux repas donne l'occasion de passer plus de temps assis à table. Et n'est-ce pas le meilleur lieu pour parler, communiquer et passer un bon moment ?

* Une vocation : l'envie de faire un métier.
** Encourager : donner du courage ; donner envie de…

---

1 Quelle est la différence entre les émissions de cuisine d'aujourd'hui et celles d'autrefois ?

2 D'après le texte, pourquoi les Français vont-ils dans les fast-foods ?

- Parce que c'est bon marché.
- Parce qu'ils aiment cette nourriture.
- Parce qu'ils n'ont pas beaucoup de temps.

3 Pourquoi les Français reviennent-ils à des plats traditionnels ?

4 Citez le nom de cinq plats traditionnels français donnés dans le texte.

5 Qu'est-ce qui a augmenté avec les émissions de cuisine (2 réponses) ?

(a)

(b)

(c)

(d)

Les mots pour…

pour parler de la gastronomie	Les plats traditionnels français
• Gastronomique / Un gastronome	• Un foie gras (aux figues)
• Gourmand	• Une blanquette de veau
• Un gourmet	• Un pot-au-feu
• Un délice	• Une dinde (aux marrons)
• Un chef cuisinier	• Un bœuf bourguignon
• Un professionnel ≠ Un amateur	• Une spécialité
• Un restaurant étoilé	• Un plat traditionnel
• Déguster	• Un plat typique
• La convivialité	
• Les métiers de la restauration	
• Une école hôtelière	

6 Quelle est l'autre conséquence du succès des émissions culinaires ?

- Les gens font plus souvent la fête.
- Le nombre de restaurants augmente.
- De nombreux jeunes veulent devenir cuisiniers.

7 Comment ces émissions pourraient-elles modifier la façon de consommer des familles ?

8 D'après le texte, pourquoi est-ce important de passer du temps à table ?

 **Écrire**

1 Les émissions culinaires

Et vous, connaissez-vous des émissions culinaires
dans votre pays ?
Les regardez-vous ? Pourquoi ?

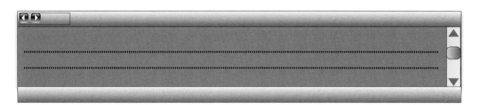

2 Un livre de recettes

 Vous voulez publier un livre des meilleures recettes de votre classe.
Chacun écrit la recette de son plat préféré.
Aidez-vous de la boîte à outils page 47.

Notre livre de recettes

3 Un article

Vous écrivez un petit article pour le journal de votre lycée
pour raconter les changements des commerces
dans votre ville.
Aidez-vous de la boîte à outils page 52.

Pour vous aider !

Parlez ...
- des types de commerce qu'on trouvait avant
- des types de commerce qu'on trouve aujourd'hui
- des lieux où vous allez pour faire vos courses.

Unité 3

La gastronomie française

LA GASTRONOMIE en France peut être définie comme l'art de la table, lié au plaisir de manger. Chaque pays a ses spécialités culinaires, mais les Français sont particulièrement attachés à leur cuisine. Il faut comprendre qu'en France, manger est un des bonheurs de la vie. D'ailleurs, depuis novembre 2010, le « repas gastronomique des Français » fait partie du patrimoine culturel immatériel de l'Unesco*.

Dans le monde professionnel, les grands chefs cuisiniers, considérés comme des artistes, sont soumis à une grande pression de la part des autorités culinaires (guides gastronomiques, jurys culinaires) qui, chaque année, distinguent les restaurants et les chefs de France par des étoiles. Plus un restaurant a d'étoiles, plus vous êtes assuré d'y trouver la meilleure des cuisines.

De nombreux plats traditionnels réputés

Commençons par un des plats les plus prestigieux de la cuisine française : le foie gras. Le foie gras est une sorte de pâté de canard ou d'oie qu'on produit dans le Sud-Ouest de la France. Il se déguste les jours de fête et principalement à Noël et au Nouvel An. Le foie gras se mange avec du pain grillé mais peut aussi se cuisiner à la poêle.

Les régions atlantiques sont spécialisées dans l'élevage d'huîtres. Ces coquillages sont très appréciés des Français qui les mangent crus, avec un peu de citron et de beurre salé.

De nombreux plats traditionnels sont liés à différentes régions de France : le bœuf bourguignon (Bourgogne), la choucroute (Alsace), la blanquette de veau (Normandie), la bouillabaisse (Provence), la fondue savoyarde (Savoie), le gratin dauphinois (Rhône-Alpes), le cassoulet (Midi-Pyrénées), le pot-au-feu (Nord-Pas-de-Calais), etc.

Les pâtisseries sont servies à la fin d'un repas et sont très variées : tarte Tatin, charlotte aux fraises, éclairs au chocolat ou au café, macarons, etc. De quoi plaire à tous !

* L'Unesco est l'Organisation des Nations unies pour l'éducation, la science et la culture. Elle fait la liste des éléments très importants qui doivent être protégés dans les différents pays.

---

1 Lisez le texte, puis répondez aux questions.

(a) D'après le texte, pourquoi la gastronomie est-elle si importante en France ?
(b) A-t-elle autant d'importance dans votre pays ?
(c) Quels sont les plats traditionnels de votre pays ou de votre région ?

2 Associez le plat, la définition et la photo.

❶ Le bœuf bourguignon	Ⓐ Plat à base de haricots blancs, de viande et de saucisses	
❷ La choucroute	Ⓑ Boulettes de poisson pimentées	
❸ La blanquette de veau	Ⓒ Galette de pommes de terre	
❹ La bouillabaisse	Ⓓ Soupe de poissons accompagnée de croûtons de pain à l'ail, de fromage, de poissons servis entiers et de pommes de terre	
❺ Le gratin dauphinois	Ⓔ Frites recouvertes de fromage et de sauce de viande brune	
❻ Le boudin créole (Antilles)	Ⓕ Poulet mariné et cuit au feu de bois, accompagné de riz	
❼ Le cassoulet	Ⓖ Semoule (de blé) servie avec de la viande et des légumes (carottes, courgettes, pois chiches, etc.)	
❽ Le macaron	Ⓗ Pommes de terre coupées en tranches fines avec de la crème et cuites au four	
❾ Le millefeuille	Ⓘ Viande de veau bouillie accompagnée de champignons, de carottes et de sauce blanche à la crème	
❿ Les moules frites (Belgique)	Ⓙ Coquillage noir et jaune à l'intérieur servi avec des frites	
⓫ Le rösti (Suisse)	Ⓚ Petit gâteau composé de 2 biscuits ronds et de crème, de différentes couleurs selon le parfum	
⓬ Le poulet yassa (Sénégal)	Ⓛ Gâteau composé de couches de pâte feuilletée et de crème à la vanille	
⓭ La poutine (Québec)	Ⓜ Bœuf cuisiné au vin rouge accompagné de champignons, d'oignons, et parfois de carottes et de pommes de terre	
⓮ Le couscous (Maroc)	Ⓝ Chou fermenté accompagné de pommes de terre, de saucisses, de viande	
⓯ Les accras de morue (Antilles)	Ⓞ Grosse saucisse noire fabriquée avec du sang de porc et des épices	

Les plats traditionnels

-Pot-au-feu-

NORD-PAS-DE-CALAIS

-Blanquette de veau-

HAUTE-NORMANDIE

-Choucroute-

ALSACE

-Boeuf bourguignon-

BOURGOGNE

-Gratin Dauphinois-

-Fondue savoyarde-

RHÔNE-ALPES

SAVOIE

-Huîtres-

-Foie gras-

AQUITAINE

MIDI-PYRÉNÉES

-Bouillabaisse-

PROVENCE

-Cassoulet-

Test

1 Complétez le texte avec les mots suivants. ..... /4

ratatouille - gras - compote - cuisiner - limiter - nutritionniste - régime - vitamines

a Je mange trop ... .
b Mon ... m'a dit de faire un ... .
c Je dois ... les gâteaux et manger des aliments riches en ... comme les fruits et les légumes.
d Je vais donc ... de la ... et de la ... .

2 Associez la quantité et l'aliment. ..... /4

a	Un sachet de ...
b	Une tranche de ...
c	Un pot de ...
d	Une boule de ...
e	Un litre de ...
f	Un bol de ...
g	Une boîte de conserve de ...
h	Un morceau de ...

1	yaourt
2	fruits au sirop
3	glace
4	lait
5	pain
6	sucre
7	levure
8	compote

3 Mettez les phrases suivantes à la forme négative. ..... /4

a Soraya va toujours au supermarché. ▶ ...
b J'ai préparé une omelette. ▶ ...
c Luc veut encore du foie gras. ▶ ...
d Vous mangez tout ! ▶ ...

4 Faites des phrases au conditionnel avec « si ». ..... /4

Ex. : ne pas être malade - manger un bon repas (hypothèse improbable)
   ▶ Si je n'étais pas malade, je mangerais un bon repas.

a Avoir de l'argent - aller dans un restaurant étoilé (hypothèse improbable)
   ▶ Si nous ..., nous ....
b Avoir le temps - préparer une dinde aux marrons (hypothèse probable)
   ▶ Si vous ..., vous ...
c Faire beau - pouvoir aller au marché (hypothèse probable)
   ▶ S'il ..., tu ...
d Aller dans une pâtisserie - prendre un millefeuille (hypothèse improbable)
   ▶ Si nous ..., je ...

..... /20

5 Conjuguez les verbes entre parenthèses au plus-que-parfait. ..... /4

a Pour le repas de famille, l'année dernière, elle ... (*cuisiner*) un pot-au-feu.
b Elle ... (*mettre*) de la viande de bœuf et des légumes à cuire très longtemps dans une casserole.
c Nous ... (*manger*) un excellent repas dans ce restaurant étoilé.
d Après le dessert, le chef ... (*venir*) nous saluer.

Corrigez en classe et comptez votre score.
Vous avez entre 18 et 20 points ?
Bravo !
Vous avez autour de 15 points ?
Pas mal.
Vous avez moins de 15 points ?
Révisez l'unité et mémorisez !

Unité 4
Les médias

Comprendre l'essentiel d'une émission de radio

Comprendre des textes rédigés en langue courante

Exprimer son point de vue

Compréhension

À l'oral

Jeunes
et nouveaux médias

 Écoutez le document.

Répondez aux questions.

(a) Quel est le média le plus utilisé par Julie ?
Pour quelle raison ?

Le journaliste : Bonjour à tous ! Aujourd'hui, dans notre émission, nous nous intéressons aux nouveaux médias. C'est pourquoi, avec nos deux invités, Max et Julie, nous allons tenter de comprendre quelle est l'importance des médias dans la vie des jeunes d'aujourd'hui. Quel média utilisez-vous pour vous informer ? La presse, le journal télévisé ?

Julie : Pas vraiment... Ça, c'est réservé aux grands-parents. Je ne lis que des magazines de mode. Pour les infos, j'utilise mon smartphone. Je suis connectée à Internet tout le temps... et comme ça je suis informée en permanence...

Le journaliste : Informée de quoi ? Des événements dans le monde ? De la santé de tes amis ?

Julie : Mais de tout... On peut trouver tous types d'infos et sous toutes les formes : brèves, détaillées, historiques, c'est magique ! Pour me tenir informée des actualités, j'aime bien consulter Google actus et, pour être informée de ce que font mes amis, j'utilise Facebook, comme tout le monde... C'est très interactif, on peut savoir ce que font nos amis, où ils sont, les voir grâce aux webcams et on peut réagir en un quart de seconde pour dire qu'on est d'accord ou qu'on est contre quelque chose... Aujourd'hui tout le monde utilise les réseaux sociaux. Mais, il faut que je fasse attention à bien contrôler mon profil. [...]

(b) Que pense Julie de Facebook ?

(c) Quels sont les avantages d'une tablette selon Max ?
• C'est plus confortable pour lire ses messages.
• C'est plus léger.
• On peut l'emporter partout.
• C'est gratuit.
• On peut rester connecté en permanence.

(d) À quel moment, les jeunes utilisent-ils les médias plus classiques ?
• Le matin.
• Le midi.
• Le soir.
• La nuit.

(e) Pour Julie, quelle est la fonction de la radio ?

(f) Pour quelle raison Max préfère-t-il la télévision à la radio ?

➕ Les mots pour...

parler des médias			
• Un téléviseur	• Un smartphone	• La presse	• Connecter
• Une télécommande	• Une tablette numérique	• Un magazine	• S'informer
• Le zapping	• Une application	• Une brève	• Télécharger
• Une émission			• Interactif
• Une série			• Une webcam
• Un flash info			• Un réseau social
• Le journal télévisé			• Un profil
• Une émission de téléréalité			• Instantanément
• Un concours télévisé			
• Un jeu extrême			
• La vidéo à la demande			
• La télévision par satellite			

À l'écrit

Enquête concernant les nouveaux médias...

par Kimberly, kim@courriel.us – lun 2 avr 16:29
Salut,
Je suis américaine et je passe un an à Paris pour améliorer mon français. Je suis un cours de français pour lequel je dois faire un exposé. Comme aujourd'hui, nous sommes entourés par les médias, j'ai choisi de travailler sur les habitudes des jeunes Français avec les médias. Pourriez-vous m'aider ??? Il faut que je rende mon travail la semaine prochaine, c'est urgent. Je voudrais aussi que vous me parliez de vos expériences avec Internet ? Voici mes questions :
1 - Quel est le média que vous utilisez le plus chaque jour : télé, ordinateur, lecteur MP3, tablette numérique, téléphone, liseuse électronique… ?
2 - Combien de temps passez-vous, chaque jour, devant votre ordinateur, votre téléphone ou votre tablette numérique ?
3 - Que faites-vous avec votre ordinateur (étudier, surfer, aller sur les réseaux sociaux, écouter de la musique, chatter, téléphoner, écrire des textos...) ?
4 - Êtes-vous inscrit(e) sur un réseau social (Facebook, etc.) ou utilisez-vous une application mobile comme Snapchat, Wechat, WhatsApp… ? Pourquoi ?
Merci pour vos réponses !

Re : Enquête concernant les nouveaux médias...
De : Karim
Salut Kimberly,
Bienvenue en France ☺ Voici mes réponses, j'espère que ça pourra t'aider.
Oui, je suis un accro aux médias…et surtout aux nouveaux médias car j'aime être informé rapidement et pouvoir faire ce que je veux à n'importe quel moment.
1 et 2) C'est mon ordinateur que j'utilise le plus et, par conséquent, Internet. Il est allumé de neuf heures du matin à minuit et je l'éteins après. J'y passe environ 7 heures par jour.
3) Avec mon ordinateur, je discute sur les forums (j'adore dire ce que je pense), je vais sur des sites qui vendent des vêtements, je participe à des jeux en ligne, et avec mon smartphone je suis connecté à Snapchat.
4) Avant, j'étais inscrit sur Facebook et sur d'autres réseaux sociaux. Je me suis rendu compte que beaucoup d'informations personnelles étaient accessibles à tout le monde ; pour cette raison, j'ai tout arrêté en me désabonnant. Je ne vois pas l'intérêt d'être sur des réseaux sociaux et je crains que ma vie ne soit exposée à tout le monde.

Re : Enquête concernant les nouveaux médias...
De : Noria
Coucou Kimberly,
Je ne peux pas me passer des médias, enfin surtout des outils numériques : ordinateur, tablette, téléphone connecté à Internet. J'ai besoin de tous ces outils pour apprendre, m'informer, dialoguer…
1. C'est ma tablette numérique que j'utilise le plus. Elle a remplacé mon ordinateur. Je l'emporte partout avec moi : au lycée, dans le bus, dans le train, en voiture…
2. Je passe en moyenne 10 heures par jour sur ma tablette.
3. J'envoie des e-mails, j'écoute de la musique, je parle à des gens, je m'informe et j'effectue des recherches pour le lycée quand j'en ai besoin. Je m'en sers aussi pour m'exprimer… Je suis inscrite à plusieurs groupes de discussion et suis abonnée à Twitter et Instagram. Donc je peux débattre en direct sur les sujets auxquels je tiens. J'adore ça !
4. Mon avis est partagé, je pense que pour adhérer à ces réseaux sociaux il faut être conscient des risques auxquels on s'expose quand on laisse son adresse, son nom, son prénom, son âge et surtout des photos personnelles sur Internet, etc. Malheureusement, je doute que tout le monde y pense et ça peut être dangereux.
Bon courage ☺ Noria

1 Que doit faire Kimberly ?

2 Quel est le thème de son travail ?

3 Trouvez les informations demandées.

	Média le plus utilisé	Temps passé devant un écran	Actions effectuées avec un ordinateur
Karim			
Noria			

4 Pour quelle raison Karim utilise-t-il beaucoup Internet ?

5 Pourquoi Karim a-t-il arrêté son abonnement à Facebook ?

6 Grâce aux médias, que fait Noria ?

(a) Elle communique.　(d) Elle travaille ses cours.
(b) Elle donne son avis.　(e) Elle participe à des concours.
(c) Elle joue à des jeux.　(f) Elle rencontre de nouveaux amis.

7 D'après Noria, à quoi faut-il faire attention quand on est abonné à un réseau social ?

8 Pourquoi Noria pense-t-elle que cela peut être dangereux ?

Les mots pour...

pour parler d'Internet

- Surfer
- Chatter
- Un forum
- Des jeux en ligne
- Des groupes de discussion

- Réagir
- Être contre
- Exposer sa vie
- Adhérer
- Un avis partagé
- S'exposer à

Les outils numériques

- Une liseuse électronique
- Un lecteur MP3

- Être conscient des risques
- Être accro aux médias
- Se désabonner

Vocabulaire

1 Complétez le texte avec les mots suivants (attention aux accords) :
chatter - profil - réseaux sociaux - contre - exposer sa vie -
conscient des risques - contrôler - inscrit.

Ethan était ... les ... car il ne voulait pas ... à des inconnus. Comme son amie Kimberly lui a expliqué comment faire pour ... son ..., il s'est finalement .... Il peut maintenant ... en toute sécurité avec ses amis. Il en a également profité pour informer ses amis qui ne sont pas ... .

2 Trouvez les définitions pour chaque mot.

ⓐ Une application	**①** Appareil de communication qui permet de transmettre la voix humaine et d'avoir une conversation à distance. Il peut être fixe ou mobile.
ⓑ Une tablette	**②** Message écrit avec un téléphone portable.
ⓒ Un smartphone	**③** Appareil qui permet de stocker et de lire un texte sous format numérique.
ⓓ Un téléphone	**④** Ordinateur mobile, sans clavier ni souris, qui se présente sous la forme d'un écran tactile.
ⓔ Une liseuse	**⑤** Téléphone mobile qui possède aussi des fonctionnalités : agenda, calendrier, Internet, consultation d'e-mails, de textos, etc.
ⓕ Un SMS	**⑥** Logiciel informatique qui permet de réaliser une ou plusieurs tâches : consulter la météo, avoir l'heure...

3 Classez les mots et expressions dans le tableau.
Vous pouvez utiliser un mot plusieurs fois :
une émission - une application - un magazine - des séries -
des jeux en ligne - être abonné - communiquer - interactif -
écouter - la téléréalité - être connecté - un e-mail - un site -
un film - s'informer.

La presse	La radio	La télévision	Internet

Phonétique

1 Écoutez les mots et dites si vous entendez le son [ã] ou [õ] ou les deux.

	[ã]	[õ]	Les deux
1.			
2.			
3.			
4.			
5.			
6.			
7.			
8.			

2 Indiquez si le son [ã] ou [õ] se trouve dans le 1er ou dans le 2ème mot.

		1er mot	2ème mot
1.	Penser - passer		
2.	Compte - communiquer		
3.	Être connecté - être contre		
4.	Télévision - télécommande		

3 Écoutez et dites quelle prononciation de « plus » vous entendez.

	[ply] plu(s)	[plyz] pluz	[plys] plus
1.			
2.			
3.			
4.			
5.			

4 Écoutez les phrases et dites s'il y a une liaison ou pas.

	Liaison	Pas de liaison
1.		
2.		
3.		
4.		

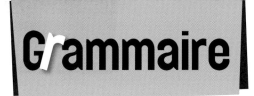

Grammaire

 Le présent du subjonctif | Annexes page 106 |

Il sert à présenter une action comme possible, mais sans certitude.
> Ex. : Il me semble que les Français préfèrent la télévision à la radio.

Il est souvent employé dans des propositions subordonnées lorsque le verbe de la principale exprime :

■ un sentiment, une émotion, une crainte :
> Ex. : Je crains que ma vie ne soit exposée à tout le monde.

■ une volonté, un souhait :
> Ex. : Je voudrais que vous parliez de vos expériences.

■ un doute, une incertitude, une possibilité ou une impossibilité :
> Ex. : Je doute que tout le monde y pense.

■ une nécessité, une obligation :
> Ex. : Il faut que je fasse attention à bien contrôler mon profil.

Pour former le subjonctif présent, on met le verbe à la 3ᵉ personne du pluriel du présent de l'indicatif, on enlève la terminaison et on ajoute les terminaisons du subjonctif présent : **e, es, e, ions, iez, ent**.

Allumer	Ils allument	que j'allume
Finir	Ils finissent	que tu finisses
Éteindre	Ils éteignent	qu'il éteigne
Regarder	Ils regardent	que nous regardions
Écouter	Ils écoutent	que vous écoutiez
Se connecter	Ils se connectent	qu'ils se connectent

 Complétez les phrases en mettant le verbe entre parenthèses au subjonctif présent.

ⓐ Il faut que tu .... (*faire*) attention avec Internet.
ⓑ Si vous voulez devenir journaliste scientifique, il faut que vous .... (*regarder*) plus d'émissions scientifiques.
ⓒ Il faut que nous .... (*avoir*) cette application sur nos tablettes.
ⓓ J'ai peur que ma mère ... (*ne pas savoir*) utiliser le smartphone que nous lui avons offert pour son anniversaire.
ⓔ Nous aimerions que tu.... (*enregistrer*) le reportage sur le hip-hop qui passe ce soir à la télé.
ⓕ Vous ne pensez pas que je .... (*être*) capable de participer à une émission de téléréalité ?

 La forme passive

On parle de forme active lorsque quelqu'un fait quelque chose.
On utilise la forme passive lorsque quelqu'un subit l'action de quelqu'un ou de quelque chose.
Une phrase active peut être transformée en phrase passive si le verbe est suivi d'un complément d'objet direct.

Forme active : Ex. : Julie utilise un smartphone.
> **Sujet actif + verbe + COD**

Forme passive : Ex. : Le smartphone est utilisé par Julie.
> **Sujet passif + verbe + complément d'agent**

■ On forme le groupe verbal passif avec l'auxiliaire « être » (au même temps que le verbe de la phrase active) suivi du participe passé toujours accordé avec le sujet.

■ Quand le sujet actif est « on », à la forme passive il n'y a pas de complément d'agent.
Ex. : On utilise toujours les médias plus classiques. ▶ Les médias plus classiques sont toujours utilisés.

Transforme ces phrases en phrases à la forme passive.

(a) Les smartphones ont remplacé les téléphones classiques.

(b) Ce journal a publié un article sur les médias.

(c) Cette chaîne de télévision a organisé une émission de téléréalité.

(d) Les jeunes écoutent toujours la radio.

 L'expression de la conséquence

Pour relier deux phrases et exprimer une relation de conséquence entre ces deux phrases,
on peut utiliser un connecteur de conséquence.

■ *Alors* et *donc*
- *Alors* s'utilise surtout à l'oral.
  Ex. : Nous sommes entourés par les médias, alors j'ai choisi de travailler sur les habitudes des Français avec les médias.
- *Donc* s'utilise à l'oral et à l'écrit. Ex. : Je suis abonnée à Twitter, donc je peux débattre en direct sur des sujets auxquels je tiens.

■ *C'est pourquoi* et *pour cette raison* apportent une explication.
- *Pour cette raison* s'utilise à l'oral et à l'écrit. Ex. : De nombreuses informations personnelles étaient accessibles
  à tout le monde ; pour cette raison, j'ai tout arrêté en me désabonnant.
- *C'est pourquoi* s'utilise surtout à l'écrit.
  Ex. : Le prix des téléphones portables a baissé ; c'est pourquoi tout le mode en possède un aujourd'hui.

■ *Par conséquent*
- *Par conséquent* s'utilise à l'écrit (langage formel). Ex. : C'est mon ordinateur que j'utilise le plus et par conséquent Internet.

 Reliez les deux phrases avec le connecteur entre parenthèses qui convient.

(a) Il ne peut pas se passer de la télévision. Il a installé une application sur son smartphone pour la regarder
    à n'importe quel moment. (*mais - c'est pourquoi - parce que*)

(b) Ce film a été critiqué par les journalistes spécialisés. Les spectateurs n'ont pas eu envie d'aller le voir.
    (*par conséquent - enfin - cependant*)

(c) L'industrie de la presse a encore connu une baisse importante ce dernier trimestre. Beaucoup de journalistes sont menacés
    par le chômage. (*grâce à - souvent - donc*)

(d) J'adore regarder des films et des séries. Je me suis abonné à un site de vidéo à la demande pour télécharger gratuitement
    les films que j'aime. (*cependant - grâce à - alors*)

(e) Mon ancien téléphone portable ne pouvait pas se connecter à Internet. J'ai décidé d'acheter un smartphone
    pour rester connectée en permanence. (*enfin - pour cette raison - car*)

Les pronoms relatifs composés
Annexes page 106

Les pronoms relatifs composés remplacent des choses. Ils sont utilisés après une préposition.
Ils s'accordent en genre et en nombre avec le nom qui précède.

Ex. : Je suis un cours de français pour lequel je dois faire un exposé.

	Masculin singulier	Féminin singulier	Masculin pluriel	Féminin pluriel
Avec **toutes les prépositions** (sauf « de » et « à ») : **sur, pour, avec, dans**...	lequel	laquelle	lesquels	lesquelles
Avec la préposition « **de** » et les locutions prépositionnelles comme : **à côté de, près de, en face de**...	duquel	de laquelle	desquels	desquelles
Avec la préposition « **à** » et les locutions prépositionnelles comme : **grâce à**...	auquel	à laquelle	auxquels	auxquelles

 Complétez avec le pronom relatif composé qui convient.

(a) J'ai perdu la page Internet sur ... j'avais lu un article sur la téléréalité.

(b) C'est une émission de radio à ... elle est très attachée.

(c) Le magasin dans ... il avait l'habitude d'aller, a fermé.

(d) Ce journaliste propose un rendez-vous hebdomadaire au cours ... il donne la parole à des jeunes.

Pour ou contre les réseaux sociaux ?

Écoutez l'émission de radio.

Répondez aux questions suivantes.

(a) Combien y a-t-il d'invités ?

(b) Qui sont les invités ? Que font-ils dans la vie ?

(c) Qui est abonné à Facebook ?

(d) Qu'est-ce qui plaît à Anaïs dans Facebook ?

(e) Aujourd'hui, quel est le constat fait par Anaïs ?

(f) De quoi Rihanna a-t-elle peur ? Pourquoi ?

(g) Quel est le conseil donné par Mohammed ?

(h) Quel est le point de vue de Rihanna ? Elle pense que :

- Il faut rester pendant des heures devant un écran.
- Rien ne remplacera la communication directe.
- Facebook est l'outil de communication du XXème siècle.

➕ Les mots pour...

parler de la radio	parler d'Internet
• Un micro • Un présentateur	• Un compte Facebook • Pirater
	• Avoir raison • N'avoir rien contre • Il faut rester prudent • Nuire à son entourage

Parler

Statistiques

Lisez l'exposé suivant. Qu'en pensez-vous ? Et vous, quel est le média que vous utilisez le plus ? Combien de temps passez-vous sur Internet chaque jour ?

Les jeunes d'aujourd'hui utilisent quotidiennement les médias. En effet, un récent sondage démontre que 43 % des jeunes de 17-18 ans utilisent tous les jours Internet. Les autres médias ne sont pas oubliés : 31 % des jeunes regardent la télévision, 15 % écoutent la radio et 11 % lisent la presse.

Utiliser les médias sociaux représente l'une des activités les plus courantes chez les jeunes d'aujourd'hui. 51 % des adolescents se connectent à leur réseau social favori au moins une fois par jour et 22 % des jeunes le font plus de 10 fois quotidiennement. Les sites comme Facebook, YouTube ou Twitter, qui se sont développés à grande vitesse au cours des dernières années, sont les plus populaires auprès des jeunes.

Pour ou contre les réseaux sociaux ?

Donnez votre opinion sur les réseaux sociaux.

Jeu de rôle

Votre ami veut devenir créateur de jeux vidéo. Vous pensez que ce n'est pas une bonne idée car il déteste les ordinateurs, les jeux vidéo et il ne connaît même pas *World of Warcraft*. Vous essayez de le convaincre de choisir un autre métier (professeur, scientifique, docteur, journaliste, cuisinier, acteur, etc).

Créateur de jeux vidéo

Trouver les ultimes bugs de *World of Warcraft*, imaginer les règles du jeu, le comportement des ennemis, les énigmes à résoudre... c'est le travail du créateur de jeux vidéo. Aventure, stratégie, action, simulation, n'ont pas de secret pour lui. C'est l'architecte des jeux vidéo. Il en définit les grandes lignes, les personnages, les astuces et les actions. Un métier qui en fait rêver plus d'un. Des succès tels que *Rayman*, *Alone in the dark*, ne sont-ils pas l'œuvre de créateurs français ?

Pour vous aider !

Pour moi, ...	Ok, d'accord !
Je crois / Je pense / Je trouve que ...	Tout à fait.
À mon avis, ...	Bien sûr !
	Je suis d'accord avec toi.
Je ne pense pas que...	Tu as raison.
Je ne crois pas que...	
Je ne suis pas d'accord avec toi.	
Ce n'est pas vrai.	
Tu as tort.	

 Lire

Les jeunes toujours accros aux médias classiques

Les jeunes d'aujourd'hui ont-ils abandonné les médias classiques ? Pas du tout, 35 % des 15-25 ans lisent la presse quotidiennement. Pour quelle raison ? Parce qu'ils sont très intéressés par l'actualité en France et les nouvelles du monde.

Mais de façon générale, les jeunes sont peu nombreux à être abonnés à un titre de presse. Seuls 13,6 % sont abonnés à un magazine, sûrement parce que les abonnements sont chers. Ils se rendent donc de temps en temps dans les magasins de presse pour acheter leurs magazines préférés : *Phosphore, Sciences et Vie junior, Les Dossiers de l'Actualité* ou encore *Star Club*.

La presse gratuite, Internet ou papier, est celle qui plaît le plus aux jeunes. 37 % des jeunes ne lisent que celle-ci. La presse payante est moins consultée puisqu'elle n'est lue que par 9 % des 15-25 ans. Il faut dire qu'en plus de représenter un certain coût, elle est moins accessible que la presse gratuite. Car aujourd'hui, plus besoin de rentrer chez un marchand de journaux, les quotidiens sont distribués dans le métro, devant les lycées ou dans la rue et gratuitement ! La plupart des jeunes arrivent donc au lycée en tenant à la main un exemplaire de *20 minutes* ou *Métro*. Mais un jeune sur 4 pense que l'information diffusée dans la presse payante est de meilleure qualité.

Pour preuve, tous les jeunes interviewés étaient capables de citer le nom des grands quotidiens français comme *Le Monde, Libération* ou *Le Figaro*. Les jeunes s'informent également en écoutant la radio (Fun radio, NRJ ou Skyrock) et regardent la télévision en zappant des chaînes hertziennes (TF1, France 2, France 3, France 5 et M6) aux chaînes de la télévision par satellite (TV5 Monde, D8, NRJ12, MCM). De plus, grâce aux nouveaux médias, ils cultivent également leur esprit critique : ils consultent Internet pour avoir un avis, comparent les points de vue, et multiplient les sources, pour se faire leur propre opinion. Les jeunes d'aujourd'hui sont devenus des « êtres médiatiques ». Les jeunes interrogés disent qu'ils sont exposés à un flux permanent d'informations. Ils sont toujours à la recherche d'une nouvelle information, d'un scoop et utilisent tous les canaux disponibles pour la trouver : journaux, radio, télé, Internet…

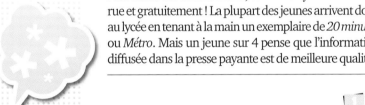

+ Les mots pour…

parler de la presse		Donner son avis
• L'actualité	• Un kiosque	• Un esprit critique
• Les nouvelles	• Un marchand de journaux	• Avoir un avis
• Les quotidiens		• Comparer les points de vue
• Un gros titre		
• La une, être à la une	• Un être médiatique	• Multiplier les sources
• Une source	• Un flux permanent d'informations	
		• Se faire sa propre opinion
• Être abonné	• Un scoop	
• Quotidiennement	• Un canal	
• Hebdomadaire		
• Mensuel		
• Bimensuel		
• Trimestriel		

1 **Pour quelle raison, les jeunes s'intéressent-ils à la presse ?**

2 **Pourquoi les jeunes ne s'abonnent-ils pas à un titre de presse ?**
   a Parce qu'ils préfèrent les journaux gratuits.
   b Parce qu'ils trouvent que c'est trop cher.
   c Parce qu'ils utilisent leur smartphone.

3 **Quels sont les magazines préférés des lycéens ? Citez 2 titres.**

4 **Pourquoi les jeunes choisissent-ils la presse gratuite plutôt que la presse payante ?**

5 **Grâce aux médias, qu'est-ce que les jeunes peuvent développer ?**
   a Leur esprit de synthèse. **b** Leur esprit critique. **c** Leur esprit d'équipe.

6 **Pourquoi les jeunes sont-ils devenus des « êtres médiatiques » ?**

 **Écrire**

1 Vous lisez cet article dans le journal du lycée. Vous n'êtes pas du même avis. Répondez à l'auteur en écrivant 200 mots environ.

EN BREF

L'importance des médias numériques pour les jeunes

Aujourd'hui, il faut faire très attention aux informations personnelles que nous laissons sur Internet. Une personne qui, de manière spontanée et volontaire, souhaite en savoir plus sur nous, tape notre « prénom+nom » sur les moteurs de recherche. À l'issue d'une recherche en ligne, quels éléments ont été consultés : notre Facebook ? notre compte Instagram ? notre blog ? nos anciennes publications ? Alors, quelle image de notre personne avons-nous renvoyée à ce visiteur ?

2 La nétiquette.

La nétiquette (contraction des mots « net » et « éthique ») représente l'ensemble des règles de bon usage sur internet afin de respecter les autres et d'être respecté. Il s'agit donc uniquement de règles de civilité et de bonne conduite afin de permettre à l'ensemble des internautes de partager un comportement respectueux des autres.

Voici quelques règles à respecter :
- Indiquez clairement le sujet d'un mail dans la zone « Objet ». Par exemple : *Prochaines vacances*.
- N'écrivez jamais dans un mail quelque chose que vous ne mettriez pas sur une carte postale.
- Soyez bref et clair quand vous écrivez votre message. Allez à l'essentiel.
- Avant de transmettre un message, prenez le temps de le relire. Pensez à corriger les fautes.

À vous ! Écrivez un mail à votre professeur de français pour lui expliquer que vous êtes malade aujourd'hui. Utilisez les règles de la nétiquette.

Programmes de téléréalité

Top Chef

Les Reines du shopping est une émission de télévision française de téléréalité diffusée sur la chaîne M6 depuis 2013 et présentée par la styliste et présentatrice Cristina Córdula. Dans cette émission, cinq femmes doivent, en un temps limité, aller faire du shopping pour s'acheter une tenue complète (vêtements, chaussures, accessoires), aller chez un coiffeur et se faire maquiller. Pour cela, les cinq candidates ont un budget limité et une liste de magasins imposés. Pendant toute l'émission, la styliste suit les candidates et donne des conseils aux téléspectateurs. À la fin du temps, chaque candidate se présente devant les autres et devant l'animatrice, qui commenceront par émettre leur avis avant de se retirer pour la noter. La candidate obtenant ainsi la meilleure moyenne à l'issue de la semaine de compétition est désignée comme étant la « reine du shopping » et remporte la somme de 1 000 euros. ■

Top Chef est une émission de télévision franco-belge de téléréalité culinaire, diffusée simultanément sur M6 et sur RTL-TVI depuis 2010. Il s'agit d'un concours de cuisine télévisé ouvert aux professionnels de la restauration.
Après un casting réalisé dans toute la France et la Belgique, douze jeunes espoirs de la cuisine jugés par quatre chefs de renommée nationale et internationale s'affrontent dans différentes épreuves pour tenter de devenir le Top Chef de l'année et remporter 100 000 €. ■

The Voice, la plus belle voix est une émission de télévision française de télé-crochet diffusée sur TF1 depuis 2012.
Les candidats chanteurs sont évalués par un jury composé de quatre professionnels issus du monde de la musique ou du spectacle. Le principe de cette émission est original : pour choisir les candidats, le jury les fait chanter sans les voir (auditions à l'aveugle). Ainsi, le jury ne voit pas les candidats mais profite uniquement de leurs voix. Ensuite, les candidats choisis s'entraînent en équipes avec un coach (les coachs étant les membres du jury). Puis ils participent à des émissions de télévision en direct et à des concerts à travers le pays. Le grand gagnant remporte un gros chèque (le montant change chaque année) et un contrat avec une grande maison de disques. ■

1 Lisez les descriptions des programmes de téléréalité et complétez le tableau dans votre cahier.

	Les Reines du shopping	Top Chef	The Voice
Année de création			
Thème de l'émission			
Déroulement des épreuves			
Gain (cadeau ou somme gagnée)			

Kendji Girac, la révélation de *The Voice*

Kendji Girac, gagnant de la saison 3 du concours musical *The Voice, la plus belle voix*, est un chanteur français né le 3 juillet 1996 à Périgueux, en Dordogne. D'origine gitane catalane, son style musical est influencé par le flamenco. En 2013, pour se faire connaître, il a mis sur Internet une vidéo d'une de ses chansons (une reprise de *Bella* de Maître Gims). La vidéo a été vue plus de cinq millions de fois sur YouTube. Grâce à ce succès, il a été repéré par la production de l'émission *The Voice*. Il a réussi tous les castings et a gagné l'émission avec plus de 51 % des voix, ce qui en fait un record.

Son premier album intitulé *Kendji* a été numéro un des ventes de disques en France pendant une semaine avec plus de 68 000 exemplaires écoulés. Pour les très bonnes ventes de son premier album, Kendji a reçu, en septembre 2014, un double disque de platine. Puis en décembre, il a été récompensé aux NRJ Music Awards par deux prix, celui de la Révélation francophone de l'année et celui de la Chanson francophone de l'année.

En 2015, il va faire une tournée à travers toute la France, passant également par Genève et Bruxelles. ■

2 Lisez l'article et répondez aux questions.

(a) Comment Kendji Girac a-t-il été choisi pour participer à l'émission ?
- Il a participé à un concours.
- Il a envoyé sa candidature.
- Il a mis une vidéo sur Internet.

(b) Quel est l'émission qui a fait connaître Kendji Girac au public ?

(c) Quel est le record de Kendji ?
- Il a gagné le plus d'argent.
- Il a vendu le plus de disques.
- Il a remporté le plus de voix.

(d) Pourquoi Kendji a-t-il gagné un double disque de platine ?

(e) Quels prix a-t-il gagné aux NRJ Music Awards ?

(f) Que va faire Kendji en 2015 ?
- Une tournée. • Un disque. • Un film.

Test

1. Conjuguez les verbes entre parenthèses au présent du subjonctif. ...... /4

(a) Depuis que mon petit frère a son nouvel ordinateur portable, j'ai peur qu'il ....
(*passer*) plus de temps sur les réseaux sociaux qu'à préparer ses examens.

(b) Pour devenir journaliste, il faudrait qu'il ... (*obtenir*) de bonnes notes et cela
nécessite beaucoup de travail.

(c) Je voudrais tellement qu'il ... (*réussir*) que je ferais n'importe quoi pour l'aider.

(d) J'ai parlé de lui à un ami pour qu'il l'... (*aider*) à trouver un stage dans une radio
ou dans un journal.

2. Transformez les phrases à la voix passive. ...... /4

(a) Quatre professionnels du monde de la musique ont organisé des auditions
afin d'élire le meilleur chanteur. ▶ ...

(b) Le jury a élu Kendji Girac meilleur chanteur. ▶ ...

(c) L'émission a sélectionné quinze candidats. ▶ ...

(d) Pierre Augé a gagné la dernière saison de l'émission *Top Chef*. ▶ ...

3. Reliez les phrases entre elles. ...... /4

(a) Mes cousins sont très jeunes. •

(b) Ce week-end, ma connexion
Internet ne marchait plus. •

(c) Tous les matins, nous récupérons
un journal gratuit dans le métro. •

(d) Je suis passionné par les avions. •

(1) Pour cette raison, je suis allée
consulter mes mails chez ma voisine.

(2) Donc nous n'achetons plus de journaux
chez le marchand.

(3) C'est pourquoi je me suis abonné
à une revue spécialisée.

(4) Par conséquent leurs parents
ne les laissent pas regarder la télévision.

4. Complétez les phrases en ajoutant le pronom relatif qui convient. ...... /3

(a) Les forums ... je suis abonné sont principalement liés aux sports automobiles
car c'est ma passion.

(b) Je voudrais faire un stage d'été dans une radio au cours ... je pourrai vérifier
si je suis fait pour le métier d'animateur.

(c) J'ai acheté une tablette numérique sur ... je peux préparer mes exposés
pour le lycée.

..... /20

5. Complétez les phrases avec les expressions suivantes : 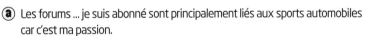 ...... /5
tous les jours - toutes les semaines - tous les mois -
tous les trois mois - deux fois par mois

(a) Kévin achète une revue mensuelle, il la reçoit ... .

(b) Kimberly est abonnée à un journal hebdomadaire, elle le reçoit ... .

(c) Julia est abonnée à un magazine trimestriel : il paraît ... .

(d) Un quotidien paraît ... .

(e) Julien publie une lettre d'informations ... sur son blog ; c'est une lettre bi-mensuelle.

**Corrigez en classe
et comptez votre score.**

Vous avez entre 18 et 20 points ?
Bravo !
Vous avez autour de 15 points ?
Pas mal.
Vous avez moins de 15 points ?
Révisez l'unité et mémorisez !

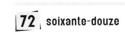

Unité 5
La Terre en danger

Donner des conseils

Interdire

Argumenter, débattre

Prendre position sur un thème
et raisonner en argumentant

Compréhension

À l'oral

Des écolos francophones

parlent de leur pays

▶ **Message n° 1 :** Moi, c'est Dzong. J'ai 19 ans. Je suis vietnamienne et j'habite à Ho-Chi-Minh-Ville. Ce n'est pas la capitale du Viêt Nam mais c'est la ville la plus peuplée et la plus industrialisée. D'après moi, les populations de la campagne viennent y vivre et c'est pour cette raison que nous vivons une époque de pollution : les fumées des industries, le bruit des nombreux véhicules (motos, voitures, taxis...). À mon avis, la pollution sonore et la pollution de l'air entraînent l'augmentation du nombre de maladies. Comment peut-on faire pour réduire cette pollution ?

▶ **Message n° 2 :** Bonjour, moi, c'est Ethel, j'ai 18 ans et je suis active dans une association qui se bat pour la défense de l'environnement. En France, aujourd'hui, il n'y a presque plus de rivières non polluées. L'industrialisation et l'agriculture non biologique sont mises en cause car les usines et les agriculteurs qui utilisent des engrais chimiques rejettent leurs déchets, des bactéries, dans les sols. Selon moi, les OGM* sont nocifs et menacent réellement les rivières, les mers et les océans de la planète ; ce qui va aboutir à la disparition complète des espèces animales. Faisons quelque chose pendant qu'il en est encore temps.

▶ **Message n° 3 :** Bonjour. Je m'appelle Antoine. J'ai 20 ans. J'habite au Québec et je milite contre les centrales nucléaires car elles sont une menace sérieuse pour l'environnement. En effet, étant donné le réchauffement de la planète, il faut refroidir les réacteurs nucléaires continuellement. L'eau qu'ils rejettent réchauffe les cours d'eau à proximité et entraîne des conséquences graves pour la nature et notamment pour la faune et la flore. [...]

* OGM : organisme génétiquement modifié.

➕ Les mots pour...

parler de l'environnement	parler des dangers sur l'environnement
• L'écologie	• Le réchauffement
• La biodiversité	• La déforestation
• Les ressources naturelles	• La sécheresse
• La faune	• La désertification
• La flore / La végétation	• La dégradation
• Les réserves d'eau	• La mortalité
• La pollinisation (transport du pollen)	• Le surpâturage (usage excessif des pâturages où mangent les vaches, etc.)
• Une abeille	• L'industrialisation
• La survie	• Un réacteur nucléaire
• Fragiliser	• La radioactivité
• Entraîner	• Le rejet
• Produire	• Le charbon de bois
• Causer	• Un déchet
• Provoquer	• Un engrais
• Constater	• Une bactérie nocive
• Engendrer	
• Polluer	
• Se battre	

1 Écoutez les six messages. Associez chaque image à un message.

(a) Message n°...

(d) Message n°...

(b) Message n°...

(e) Message n°...

(c) Message n°...

(f) Message n°...

2 Choisissez une réponse.

(a) Dzong pense que la situation dans son pays est causée par :
- l'augmentation du nombre de graves maladies.
- le déplacement important des populations de la campagne dans les villes.
- le rejet de pesticides par l'agriculture intensive.

(b) Ethel met en cause :
- la déforestation et la perte des ressources naturelles.
- la désertification et l'augmentation des populations.
- l'industrialisation et l'agriculture non biologique.

(c) Antoine milite pour :
- la réduction de la température.
- l'arrêt de l'utilisation d'engrais chimiques.
- la défense de la faune et la flore.

(d) Vasil se bat pour :
- la diminution de la pollution.
- la réduction de la température.
- l'arrêt des centrales nucléaires.

(e) Raymond pense que la situation dans son pays vient :
- de la contamination des sols par l'agriculture.
- de la production importante de charbon de bois.
- des déchets nocifs dans l'océan.

(f) Pour Jamila, qu'engendre l'augmentation de la population ?
- Une disparition de plusieurs espèces animales.
- Une utilisation importante des voitures polluantes.
- Un surpâturage pour nourrir toute la population.

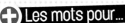

 **À l'écrit**

La planète en danger !

Le réchauffement climatique, causé essentiellement par les gaz à effet de serre, peut avoir des conséquences désastreuses pour la vie en général. En effet, la fonte des glaces, la désertification, l'élévation du niveau des mers et la pollution provoquent déjà une diminution de la biodiversité, et même une disparition de certaines espèces animales et végétales. Ces conséquences accentuent également les événements climatiques extrêmes, comme la sécheresse, les inondations, les cyclones...

Les gaz à effet de serre proviennent principalement des rejets nocifs des usines, des véhicules et de l'agriculture intensive. Les gaz ont formé un trou dans la couche d'ozone au-dessus du pôle Nord qui grandit de jour en jour, exposant les populations et les végétaux à des niveaux élevés de rayonnements ultraviolets.

1 Lisez l'article et répondez aux questions.

ⓐ Les conséquences du réchauffement climatique fragilisent :
- la biodiversité
- l'agriculture
- l'industrialisation

ⓑ Quels types d'évènements climatiques rencontre-t-on aujourd'hui à cause du réchauffement de la planète ?

ⓒ D'où proviennent les gaz à effet de serre ?

ⓓ De quoi la couche d'ozone nous protège-t-elle ?
- Des événements climatiques extrêmes.
- Des gaz à effet de serre.
- Des rayonnements ultraviolets.

2 Lisez les solutions proposées par les participants à ce forum sur l'environnement. Dites si l'affirmation est vraie ou fausse. Si elle est fausse, trouvez ce qu'ils disent vraiment.

	Vrai	Faux
ⓐ Pour sauvegarder l'environnement, Karine pense qu'il faut souvent sortir ses ordures ménagères.		
ⓑ Yann propose de prendre les transports en commun pour tout type de trajets.		
ⓒ Pour Géraldine, on doit économiser l'eau en prenant des bains régulières.		
ⓓ Pablo trouve que les énergies renouvelables comme les éoliennes sont polluantes.		

Forum : des solutions pour la planète ?

Karine

Pour moi, chaque personne doit trier ses déchets domestiques ! En recyclant des matériaux, on participe à la défense de l'environnement. Il ne faut pas mélanger le verre, le papier et les ordures ménagères dans la même poubelle. Pour avoir une planète verte, tout le monde devrait s'y mettre !

Yann

Moi, j'aimerais vivre dans une ville sans voiture ! Il devrait être formellement interdit d'utiliser sa voiture pour des courtes distances. Il faudrait préférer la marche ou le vélo, et pour les trajets plus longs, les transports en commun (bus, train). Arrêtons de consommer du pétrole !

Géraldine

À mon avis, l'important est d'économiser les ressources. Pour cela, réparez les robinets qui ont des fuites d'eau ; prenez des douches et non des bains ; boycottez les produits qui ont un emballage en plastique ; utilisez des ampoules électriques à basse consommation ; isolez convenablement votre maison et éteignez les lumières non nécessaires !

Pablo

D'après moi, il est indispensable d'utiliser les énergies renouvelables. Il faut arrêter de consommer l'énergie nucléaire ou le pétrole. Dans certains pays, il y a une consommation importante de la climatisation. Il faut installer des panneaux solaires et des éoliennes pour remplacer ces ressources polluantes.

➕ Les mots pour...

parler des problèmes de l'environnement

- Les gaz à effet de serre
- La fonte des glaces
- L'élévation du niveau de la mer
- Les ordures ménagères
- Un emballage en plastique
- Le pétrole
- La couche d'ozone
- Un rayonnement ultraviolet
- Une inondation
- Un cyclone

- Recycler
- Trier
- Isoler
- Éteindre
- Consommer
- Boycotter
- Exposer
- Les énergies renouvelables
- Un panneau solaire
- Une éolienne

Vocabulaire

1 Associez les images et les expressions.

bruit - centrale nucléaire - déchets - déforestation - pollution de l'air - pollution de l'eau - pêche intensive

2 Remettez les lettres dans l'ordre pour compléter les mots manquants.

ⓐ Le ... (ACUEEEFFHMNRT) climatique est visible par l'augmentation des températures.

ⓑ Toute action environnementale commence par le ... (IRT) des déchets.

ⓒ L'... (AADIIIILNNORSSTTU) et l'... (ACEGILRRTUU) intensive sont des ... (ACEENMS) environnementales importantes.

ⓓ La ... (AACDEIIIORTTV) peut avoir des conséquences graves sur la santé.

ⓔ La déforestation est une ... (AACEHOPRSTT) pour la ... (AEELNPT).

3 Trouvez la bonne réponse.

ⓐ C'est un phénomène naturel important pour la survie de la planète. Il permet d'avoir une température moyenne sur Terre de 15° C.
- L'écologie
- L'effet de serre
- La pollinisation

ⓑ C'est un phénomène qui fait grimper le niveau des océans de 1,3 millimètre en moyenne par an.
- La désertification
- La fonte des glaces
- La pêche intensive

ⓒ C'est un phénomène qui permet d'absorber la plus grande partie des ultraviolets et qui joue un rôle protecteur pour les êtres vivants.
- La couche d'ozone
- La biodiversité
- Le développement durable

ⓓ C'est un procédé de traitement des déchets qui permet de récupérer des matériaux qui composaient le produit initial.
- La destruction
- Le recyclage
- L'isolation

Unité 5 - La Terre en danger

Ph**o**nétique

1 **Écoutez et répétez ce poème de George Sand sur la nature.**

À Aurore

La nature est tout ce qu'on voit,
Tout ce qu'on veut, tout ce qu'on aime.
Tout ce qu'on sait, tout ce qu'on croit,
Tout ce que l'on sent en soi-même.
Elle est belle pour qui la voit,
Elle est bonne à celui qui l'aime,
Elle est juste quand on y croit
Et qu'on la respecte en soi-même.
Regarde le ciel, il te voit,
Embrasse la terre, elle t'aime.
La vérité, c'est ce qu'on croit
En la nature c'est toi-même.

George Sand

2 **Lisez ces chansons françaises du chanteur Ridan et du groupe Mickey 3D.**

Elle pleure, elle pleure, elle pleure, ma planète
Elle sent que sa fin est proche et ça la rend folle
Dites-leur, dites-leur, dites-leur qu'ils sont fous
La Terre en a ras le bol un point c'est tout
Ridan, refrain de Objectif Terre

Il faut que tu respires   Il faut que tu respires
Et ça c'est rien de le dire   C'est demain que tout empire
Tu vas pas mourir de rire   Tu vas pas mourir de rire
Et c'est pas rien de le dire   Et c'est pas rien de le dire
Mickey 3D, refrain de Respire *,*
EMI Music France

3 **Trouvez, dans le poème et les deux extraits de chanson, les mots avec les sons [b], [v], [f] et ajoutez les mots que vous avez vus dans l'unité.**

Mots avec le son [b]	Mots avec le son [v]	Mots avec le son [f]

4 **Écoutez les mots et dites s'ils sont féminins ou masculins.**

	Mots féminins	Mots masculins
1.		
...		

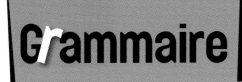

Grammaire

 Les prépositions « à », « au », « aux » ou « en »

à + ville, île	J'habite à Paris. Je travaille à Madagascar.
au + pays, région (masculin singulier)	Je vais au Viêt Nam. J'habite au Québec.
aux + pays, région (pluriel)	Je travaille aux États-Unis.
en + pays, région (féminin singulier)	Je vis en France.

Exceptions :
• Les villes qui commencent par « Le », comme Le Havre. Ex. : Je vais **au** Havre.
• L'île Haïti. Ex. : Je travaille **en** Haïti.
• L'Ouganda (masculin singulier). Ex. : Je vis **en** Ouganda.

 Complétez les phrases avec « à », « au », « aux » ou « en ».

(a) Aujourd'hui, la déforestation a surtout lieu ... Madagascar, ... Chine, ... Brésil et ... Philippines.
(b) La première réunion autour de l'environnement a eu lieu ... Paris, ... France en 1968.
(c) ... Johannesburg ... Afrique du Sud, lors du sommet de la Terre, l'environnement a touché pour la première fois le monde des entreprises.
(d) La désertification a commencé ... Maroc, ... Russie, ... Australie et ... Émirats Arabes Unis.

 Le pronom « y » Annexes page 107
Le pronom **y** remplace un lieu ou une destination.
Ex. : Ho-Chi-Minh-Ville est la ville la plus peuplée et la plus industrialisée. Les populations de la campagne viennent **y** vivre.
▶ **y** remplace à **Ho-Chi-Minh-Ville.**

 Remplacez par le pronom « y » les destinations ou les lieux, pour éviter les répétitions.

```
.......Sommet de la Terre 2012.........
Le dernier sommet de la Terre a eu lieu à Rio de Janeiro en juin 2012. Les représentants
de la plupart des pays sont allés à Rio de Janeiro. Les discussions autour du réchauffement
climatique et de ses dangers ont été très intéressantes à Rio de Janeiro. Des ateliers ont
été organisés dans différents lieux de la ville. Les situations des centrales nucléaires,
de la pollution de l'air et du trou dans la couche d'ozone ont été débattues dans différents lieux
de la ville. Des solutions ont également été proposées dans différents lieux de la ville.
```

 Les adverbes de manière Annexes page 107
Ils se forment à partir de l'adjectif auquel on ajoute le suffixe *-ment*, *-emment*, *-amment*.

Adjectif féminin (en général)	+ ment	facilement, sèchement, longuement
Adjectif masculin (quand il se termine par une voyelle)	+ ment	poliment, vraiment
Adjectif en -ant (bruyant, élégant)	+ amment	bruyamment, élégamment
Adjectif en -ent (violent, prudent)	+ emment	violemment, prudemment

Exceptions : gentil ▶ gentiment ; gai ▶ gaiement ; lent ▶ lentement ; bref ▶ brièvement ; précis ▶ précisément.

 Transformez les adjectifs en adverbes de manière.

(a) Boycottez ... les produits avec un emballage en plastique. (*vrai*)
(b) Chauffez ... les pièces habitées. (*essentiel*)
(c) Informez ... vos voisins de l'importance de la défense de l'environnement. (*intelligent*)
(d) Isolez ... votre maison. (*convenable*)

 Les doubles pronoms Annexes page 107

Les pronoms remplacent les noms et se placent d'une certaine façon dans la phrase :

Sujet (ne)	me te nous vous se	le la les (l')	lui leur y	en	verbe (pas) auxiliaire (pas) participe

Ex. : J'emmène **les visiteurs** <u>à la déchetterie</u>. ▶ Je **les** y emmène.
Je n'ai pas demandé <u>de renseignements</u> **à Marie**. ▶ Je ne **lui** en ai pas demandé.

 Remplacez les groupes de noms par des pronoms.

(a) Les militants de l'environnement demandent <u>aux citoyens</u> *des réductions importantes de déchets*. ▶...
(b) Chaque foyer donne <u>l'exemple</u> *à ces enfants* en matière de protection de l'environnement. ▶...
(c) Le représentant écologiste démontre <u>la menace des centrales nucléaires</u> *aux téléspectateurs du journal télévisé*. ▶...
(d) Notre professeur d'économie ne parle pas <u>à mes camarades et moi</u> *des problèmes d'environnement*. ▶...
(e) La mairie a offert <u>une réduction sur le prix des ampoules à basse consommation</u> *à ses citoyens*. ▶...

 L'expression du moyen ou de la manière
Le gérondif est un mode formé avec le participe présent (forme en -ant) précédé de « en ».
Ex. : Nous aiderons la planète **en recyclant nos déchets** !
sans + infinitif
Ex. : **Sans parler de la radioactivité** en cas de catastrophe nucléaire...

 Transformez les deux phrases en une phrase en utilisant le gérondif ou « sans » + infinitif.

(a) Nous pouvons réduire les rejets nocifs. Nous devons utiliser des énergies renouvelables. ▶ Nous pouvons réduire les rejets nocifs en ...
(b) Nous pouvons diminuer le nombre de déchets. Nous devons trier et recycler nos déchets. ▶...
(c) Nous pouvons moins consommer d'énergie. Nous devons mieux isoler nos maisons. ▶...
(d) Nous pouvons protéger nos rivières. Il faut éviter de polluer les sols. ▶...
(e) Nous pouvons protéger notre planète. Nous n'avons pas à changer radicalement notre quotidien. ▶...

 L'expression de la cause et du but
Exprimer la cause, c'est exprimer la raison d'un fait, d'une action.

Conjonction de coordination : **car**	Conjonctions de subordination : **parce que**, **puisque**...
Prépositions : **à cause de**, **en raison de**, **grâce à** («grâce à » introduit une cause dont la conséquence est positive)	

Ex. : Je milite contre la construction de centrales nucléaires **car** elles sont une menace sérieuse pour l'environnement.
À cause de cette déforestation, il y a une disparition des terres cultivables et une diminution des réserves d'eau.
Grâce aux efforts de tous les citoyens, la ville est aujourd'hui une ville propre.

Exprimer le but, c'est exprimer un résultat qu'on cherche à atteindre.
▶ Prépositions : **pour**, **afin de**, **dans le but de**, **en vue de**... + infinitif
Ex. : Comment peut-on faire **pour** réduire cette pollution ?

 Transformez ces phrases comme dans l'exemple.

Ex. : Les gaz à effet de serre sont de plus en plus utilisés. Les terres gelées de l'Antarctique fondent. (*à cause de*)
▶ Les terres gelées de l'Antarctique fondent à cause des gaz à effet de serre qui sont de plus en plus utilisés.

(a) Il n'y a plus d'abeilles. Dans vingt ans, nous n'aurons plus de fruits et légumes. (*car*) ▶ ...
(b) Il faut plus de militants écologiques. L'avenir du monde est entre les mains du plus grand nombre. (*parce que*) ▶ ...
(c) Certains gouvernements ont compris l'importance de la sauvegarde de l'environnement. Nous aurons peut-être encore une planète dans cent ans. (*grâce à*) ▶ ...
(d) Une grande sécheresse s'est abattue autour du désert. Les animaux se sont déplacés vers d'autres pays frontaliers. (*en raison de*) ▶ ...

Oral

 Écouter

L'émission

« Ados écolo »

LE NUCLEAIRE N'EST PAS LA REPONSE
A L'EFFET DE SERRE
www.GREENPEACE.fr

1 Écoutez l'émission « Ados écolo », puis répondez aux questions.

ⓐ Pourquoi sont-ils invités à cette émission de radio ?

ⓑ Associez une photo à Kamel, Inès ou Pierre.

ⓒ Kamel
- Pour lui, pourquoi est-ce que c'est important de protéger l'environnement ?
- Qu'arrivera-t-il si nous ne faisons rien ?
- Que fait-il exactement pour cette organisation ?

ⓓ Inès
- Pour quelles causes Inès se bat-elle ?
- Comment s'appelle l'association pour laquelle Inès se bat ?
- Depuis quand y travaille-t-elle ?
- Où va-t-elle demain et que va-t-elle y faire ?

ⓔ Pierre
- Depuis combien de temps Pierre est-il bénévole ?
- Son association s'occupe :
    - de voyages organisés   - de location de vélos   - des amis de la nature
- Quelle autre action mène également l'association ?

2 Écoutez l'annonce et répondez aux questions.

ⓐ De quel concours s'agit-il ?

ⓑ Qui compose le jury du concours ?

ⓒ Quels sont les objectifs de cette semaine ?

ⓓ Comment peut-on déjà agir au quotidien ? (4 réponses)

ⓔ Comment peut-on participer au concours ? Quelle est la date limite ?

RÉDUISONS NOS DÉCHETS

Parler

1 La situation dans votre pays

ⓐ Par deux, faites une recherche, et présentez rapidement votre pays (climat, faune, flore, villes...) et expliquez à la classe quels sont les deux plus gros problèmes environnementaux dont il souffre.

ⓑ Dans la classe, discutez des causes de ces problèmes et imaginez les conséquences qu'ils peuvent engendrer.

ⓒ Par deux, trouvez des solutions pour éliminer sinon réduire ces problèmes. Puis partagez vos solutions avec toute la classe.

2 Par deux, jouez les situations suivantes.

ⓐ Votre ami(e) ne trie pas ses déchets. Expliquez-lui pourquoi il faut les trier et quelles sont les conséquences pour la nature.

ⓑ Votre ami(e) laisse toujours la lumière allumée quand il/elle sort d'une pièce. Expliquez-lui pourquoi il ne faut pas continuer.

ⓒ Votre ami(e) vous propose d'aller au cinéma en voiture. Vous acceptez, mais vous expliquez que vous préférez prendre les transports en commun et vous dites pourquoi.

3 Par deux, regardez les photos. Vous pensez à quelle(s) menace(s) environnementale(s) ? Pour vous, quelles en sont les causes et les conséquences ? Quelles solutions pouvez-vous proposer ? Aidez-vous des boîtes à outils pages 74 et 75.

➕ Pour vous aider !

• **Donner son avis**
Je pense que... - je trouve que... - il me semble que... - à mon avis...

• **La cause**
C'est à cause de... - la cause principale de ce phénomène est... - il a été causé par...

• **La conséquence**
Les conséquences les plus importantes sont... - c'est pour cette raison que... - c'est pour cela que...

• **Les solutions**
Il serait possible de... - ce que l'on pourrait faire... - c'est... - ce serait une bonne idée si... - je propose de...

ERIK
ORSENNA
de l'Académie française

L'avenir
de l'eau
Petit précis de mondialisation II

Fayard

1 Lisez ces extraits du livre d'Erik Orsenna.

La vraie nature de l'eau : sa générosité

La générosité de l'eau s'applique aussi aux végétaux.

Les plantes, comme nous, sont principalement constituées d'eau. Une laitue[1], c'est 97 % d'eau ; une tomate, 93 %.

Et dans les plantes aussi, l'eau circule. Mais les plantes n'ont pas de cœur (de pompe). C'est la transpiration des feuilles, chauffées par le soleil, qui des racines fait monter la sève (eau + nutriments). Comme chez les humains, cette transpiration refroidit la plante.

Si les plantes ont tant besoin d'eau, c'est à cause de cette évapotranspiration[2] : le circuit ne doit pas cesser[3] d'être alimenté.

[...] Grâce à l'apport énergétique du Soleil et au CO_2[4] qu'elle absorbe de l'atmosphère, elle produit de l'oxygène et fabrique les substances dont elle a besoin.

Voilà pourquoi les plantes entretiennent l'humidité de l'air : elles sont des sources permanentes de vapeur d'eau. [...]

Les barrages[5] sont-ils nécessaires ?

Ils sont 45 000 de par le monde, dont 22 000 en Chine. Près des deux tiers des grandes rivières du monde en ont un dans leur lit ! Ils servent à toutes sortes de choses : produire de l'énergie et de l'eau potable, irriguer les champs, régulariser le cours des eaux et protéger contre les inondations, offrir aux humains fatigués des bases de loisirs nautiques...

Et pourtant, la plupart des organisations non gouvernementales les détestent. Elles leur reprochent :

- de détruire l'environnement : ils ennoient[6] de très vastes terrains, souvent riches de belles biodiversités ; ils [...] assèchent des zones humides, menacent les poissons migrateurs [...]

- de meurtrir[7] les populations : pour les construire, des milliers de personnes doivent, chaque fois, être déplacées (1,5 million pour les seules Trois Gorges) [...]

- de ruiner les finances publiques par les investissements démesurés [...]

Erik Orsenna, *L'avenir de l'eau*,
© Librairie Arthème Fayard, 2008.

1 une laitue : une salade.
2 l'évapotranspiration : émission de la vapeur d'eau, évaporation + transpiration des plantes.
3 cesser : prendre fin.
4 CO_2 : Dioxyde de carbone
5 un barrage : ouvrage construit au milieu d'un cours d'eau destiné à réguler le débit du cours d'eau et/ou à en stocker l'eau pour différents usages.
6 ennoyer : inonder.
7 meurtrir : blesser.

2 Répondez aux questions.

(a) De quoi les plantes et les humains sont-ils principalement constitués ?

(b) Comment la sève va-t-elle des racines aux feuilles ?
• En circulant.   • En refroidissant.   • En transpirant.

(c) Que permet la transpiration chez les plantes et chez les humains ?

(d) Pourquoi les plantes ont-elles sans cesse besoin d'eau ?
• Parce qu'elles n'ont pas de pompe.
• Parce qu'elles sont composées principalement d'eau.
• Parce que leur eau s'évapore en continu.

(e) Grâce à quoi la plante produit-elle de l'oxygène et fabrique-t-elle les substances dont elle a besoin ?

(f) À quoi servent les barrages ? (2 réponses minimum)

(g) Qui déteste les barrages ?

(h) Pourquoi ? Quelles sont les conséquences relevées par Erik Orsenna ?

Unité 5 – La Terre en danger

Écrire

1 Parmi les problèmes écologiques suivants, quelle est, selon vous, la menace environnementale la plus importante ?
Justifiez votre réponse dans un texte construit de 80 mots.
la pollution sonore - la pêche intensive - la désertification - l'effet de serre

2 Voici les deux premiers articles de la Charte française de l'environnement.
À deux, rédigez quatre articles (deux droits et deux devoirs) qui vous paraissent indispensables. Partagez-les avec la classe.

Article 1
Chacun a le droit de vivre dans un environnement équilibré et respectueux de la santé

Article 2
Toute personne a le devoir de prendre part* à la préservation et à l'amélioration de l'environnement.

Article 3
Chacun a le droit...

Article 4
Chacun a le droit...

Article 5
Toute personne a le devoir...

Article 6
Toute personne a le devoir...

prendre part : participer.

3 Par groupe de trois ou quatre, choisissez un site naturel à protéger parmi les sites montrés en photos. Présentez sur un panneau le site et ses caractéristiques (climat, faune, flore...). Puis présentez les risques environnementaux et proposez des solutions. Les panneaux pourront être affichés dans la classe.

La forêt amazonienne au Brésil

Un théâtre antique à Athènes, en Grèce

Le désert du Sahara

Être éco-citoyen en France

Les Français participent activement à la défense de l'environnement. Voici des initiatives que nous pouvons tous adopter pour préserver la planète.

Optez pour un transport éco-citoyen

La bicyclette, les rollers, la trottinette, le skateboard ne sont pas que pour les jeunes. Pour les petits trajets (les plus polluants), les modes de transport alternatifs peuvent vous faire gagner du temps et de l'argent. N'oubliez pas la marche à pied : le mode de transport le plus économique !

Construisez votre maison écolo

Une mauvaise isolation, la climatisation ou le chauffage en continu peut être néfaste pour l'environnement. Pensez à bien fermer vos fenêtres et à baisser le chauffage quand vous partez afin de garder une température ambiante de plus ou moins 19 °C.

Préservez les ressources en eau

Des systèmes de récupération d'eau de pluie peuvent vous permettre d'arroser vos plantes, faire la vaisselle, laver votre voiture... Une des plus grosses consommations d'eau à la maison c'est le bain : alors prenez des douches ! Pour les besoins quotidiens, essayez les toilettes sèches... Et dernier conseil : fermez bien vos robinets.

Consommez en préservant l'environnement : les écolabels ou les labels écologiques

L'anneau de Moebius par exemple peut vous faire choisir un produit plutôt qu'un autre. Il signifie que l'emballage ou le produit peut être recyclé. Acheter un produit avec un label certifiant qu'il est issu de l'agriculture biologique est également un geste indispensable pour la planète.

Le jardin partagé : du producteur au consommateur

Phénomène récent, les jardins partagés fleurissent depuis une quinzaine d'années un peu partout en France, et particulièrement dans les villes. Aussi appelés « jardins communautaires », ils sont gérés et entretenus en commun par les habitants d'un quartier. Plus que de simples jardins à usage alimentaire, ces espaces verts favorisent la rencontre entre voisins et sont des outils d'éducation au respect de l'environnement...

---

1 Lisez l'article et répondez aux questions.

- a) Quelle est l'idée que vous préférez dans chaque catégorie et pourquoi ?
- b) Avez-vous déjà participé à une de ces actions ? Si oui, laquelle ?
- c) Si non, avez-vous déjà participé à une action pour la sauvegarde de l'environnement ? Et laquelle ?
- d) Pour vous, quelle action est nécessaire pour que la planète soit en bonne santé ?

Des projets futuristes

The Ocean Clean-up ou le nettoyeur d'océans...

Boyan Slat, un jeune Néerlandais de 19 ans, invente une machine qui pourrait changer beaucoup de choses.

Cet étudiant en aérospatiale travaille en effet sur une « machine » permettant de nettoyer les océans et de les débarrasser de diverses pollutions : déchets, plastiques, etc. Son concept, particulièrement ambitieux, est pourtant simple sur le principe : il s'agit d'un assemblage de tuyaux flottants constituant un barrage qui récupèrent les déchets pour qu'ils soient ensuite traités et recyclés. Les enjeux sont immenses : nettoyer les océans de tous les déchets qui les peuplent pourrait prendre plus d'un millier d'années, sans compter ce qui est connu comme étant le « 7e continent », montagne de détritus de près d'un million de km². Si le projet de Boyan Slat devenait réalité, la tâche pourrait être plus rapide...

Une forêt linéaire en bordure du périphérique

On a encore du mal à y croire et pourtant Paris a décidé de planter sa première forêt le long du boulevard périphérique*, dans le nord-est de la capitale. Mais, pour y chercher de l'ombre et de la fraîcheur, les Parisiens et banlieusards** intrigués devront patienter... Cette promenade nature ne ressemblera vraiment à une forêt qu'en... 2030 ! *« Ce ne sera pas un jardin avec des fleurs qu'on va arroser, mais une forêt linéaire pour isoler le périphérique, un rideau vert de 300 mètres de long, un mur antibruit et antipollution »*, s'enthousiasme le maire du dix-neuvième arrondissement.

D'après *Le Parisien*, 23 juillet 2012.

* *Le périphérique : une route qui fait le tour de Paris.*
** *Les banlieusards : les habitants de la banlieue (les villes autour d'une grande ville).*

2 Lisez l'article et répondez aux questions.

a Que pensez-vous des deux projets ? Pensez-vous qu'ils sont réalisables ?
b Avez-vous d'autres idées écolo-futuristes ? Lesquelles ?

Test

1 Transformez les phrases avec l'adverbe qui convient. ...... /4

a) Les militants écologistes ont dénoncé <u>de façon violente</u> le projet de construction de nouvelles centrales nucléaires. ▶...
b) Il faut répéter <u>de manière constante</u> les règles pour le respect de l'environnement. ▶...
c) Le nouveau gouvernement changera <u>de façon difficile</u> l'énergie nucléaire par les énergies renouvelables. ▶...
d) Seuls les adolescents ont présenté <u>de manière polie</u> les problèmes liés à l'environnement. ▶...

2 Placez les pronoms dans l'ordre qui convient. ...... /4

a) La mairie ... ... a offert pour la journée du Recyclage. (en, leur)
b) Le professeur ... ... explique souvent. (le, leur)
c) Son père ... ... a parlé plusieurs fois. (en, lui)
d) Les filles ... ... ont ... donnée. (la, lui, ne, pas)

3 Associez le début de la phrase avec une fin logique. ...... /4

a) Moi, je me lève tous les matins •   • en achetant des produits bio.
b) Après manger, je jette les déchets •   • en écoutant chaque jour une radio écolo.
c) L'école se bat pour l'environnement •   • en pensant à l'environnement.
d) Notre famille se tient informée •   • en faisant bien attention de les trier.

4 Dans les phrases, trouvez les parties qui expriment la cause, celles qui expriment la conséquence et celles qui expriment le but. ...... /4

a) Michel relit son rapport en vue de rendre un document correct. ▶...
b) Les écologistes se sont réunis afin de préparer des propositions pour le nouveau gouvernement. ▶...
c) Les rivières sont polluées parce que les usines y déversent leurs déchets. ▶...
d) À cause de la sécheresse, les agriculteurs ont perdu toutes leurs récoltes. ▶...

 ..... /20

5 Complétez les phrases avec le mot qui convient. ...... /4
embouteillages - ordures ménagères - panneaux solaires - réchauffement

a) Afin de réduire mes déchets, je composte toutes mes ... .
b) La fonte des glaces et la disparition de certaines espèces sont autant de conséquences du ... climatique de la planète.
c) Les gaz à effet de serre viennent principalement des ... .
d) Une solution à l'électricité nucléaire serait d'installer de nombreux ... .

Corrigez en classe et comptez votre score.
Vous avez entre 18 et 20 points ? Bravo !
Vous avez autour de 15 points ? Pas mal.
Vous avez moins de 15 points ? Révisez l'unité et mémorisez !

Unité 6

Le monde d'auj**o**urd'hui et d**e** demain

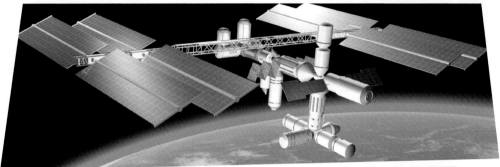

Comparer

Formuler des hypothèses et spéculer

Compréhension

Quelques jours de vacances dans les étoiles

Le présentateur : Bonjour. Vous écoutez « La Vie demain », votre émission hebdomadaire qui vous raconte le futur. Comment voyagerons-nous demain ? Et où irons-nous passer nos vacances ? Le rêve de l'humanité enfin réalisable ou presque... Voyager dans l'espace n'est aujourd'hui plus qu'une question d'argent. Peut-être qu'un jour vous pourrez vous offrir ces vacances. Alors pourquoi ne pas se renseigner dès maintenant sur les possibilités d'embarquement ? Il existe plusieurs agences de voyages américaines, russes, japonaises ou européennes, spécialisées dans les vols orbitaux et autres déplacements peu communs en navette ou en fusée. Nous recevons aujourd'hui Laura Delbrousse, ingénieure à l'Agence spatiale européenne. Madame Delbrousse, où en est le tourisme spatial ?

Laura Delbrousse : En 2001, c'est le milliardaire américain Dennis Tito qui a effectué le premier vol dans l'espace avec la navette *Soyouz*, puis Mark Shuttleworth, un jeune Sud-Africain, milliardaire, a lui aussi connu cette expérience il y a quelques années. Il a accompagné les astronautes de la station spatiale internationale ISS, pour la somme de 20 millions de dollars, soit plus de 15 millions d'euros. Ce sont donc les deux seuls chanceux qui ont touché les étoiles, et dormi en apesanteur. En revanche, si vous êtes moins riche, vous pouvez envoyer un peu de votre ADN dans l'espace pour 40 euros, ou faire déverser vos cendres dans l'univers pour la somme de 4 000 euros...

Le présentateur : Mais à part l'argent, de quoi avons-nous besoin pour voyager dans l'espace ?

Laura Delbrousse : D'une vraie préparation physique. Pour le voyage, la préparation est très longue. Il faut s'entraîner dans des simulateurs d'apesanteur et s'habituer psychologiquement à la vie dans l'espace pendant plusieurs mois. En effet, n'oubliez pas qu'il n'y a pas d'eau courante dans l'espace. L'hygiène doit malgré tout être nécessaire. Des techniques ont donc été imaginées. Pour ceux qui aiment les plaisirs de la table, il faudra aussi vous préparer à manger simple et pratique : même si le repas est un moment à partager, il n'y a pas de bons petits plats dans l'espace, seulement une alimentation de base, avec des aliments solides ou déshydratés...

1 Écoutez l'émission.

2 Répondez aux questions.

a Que faut-il avoir aujourd'hui pour voyager dans l'espace ?

b Où se trouvent les agences spécialisées dans les voyages dans l'espace ?

c Quelle est la profession de Mme Delbrousse ?

d Quelles sont les nationalités des deux premiers voyageurs dans l'espace et quelle est leur particularité ?

e Combien coûte, en euros, un voyage dans l'espace ?

f Que peut-on proposer à ceux qui n'ont pas beaucoup d'argent ? Combien coûtent ces offres ?

g Est-ce suffisant d'être riche pour voyager dans l'espace ? Que faut-il d'autre ?

➕ Les mots pour...

parler des voyages dans l'espace

- Le tourisme spatial
- La station spatiale
- La navette/La fusée
- Les astronautes
- Les étoiles
- L'espace/L'univers
- L'embarquement
- Un vol orbital

- L'apesanteur
- Un simulateur d'apesanteur

 **À l'écrit**

Vélib'*, avec plus de 200 millions de trajets, a trouvé son public.

Plus de 275 000 Parisiens et Franciliens possèdent un abonnement annuel. 88 % des personnes qui utilisent ce système sont satisfaites et 97 % des abonnés souhaitent renouveler leur contrat. Cette année, il y a 40 % de nouveaux membres en plus par rapport à l'année dernière. Plus de 90 % des utilisateurs s'abonnent en ligne sur Paris.fr par carte bancaire. La formule Vélib' classique à 29 € par an est très populaire, mais de nouvelles offres, comme Vélib' passion, proposent la gratuité pendant les quarante-cinq premières minutes au lieu de trente minutes.

Il y a aujourd'hui 1 750 stations de Vélib' dans Paris avec un nombre de 24 000 vélos. Mais la mairie de Paris veut encore en augmenter le nombre. Elle va aménager de nouvelles pistes cyclables, en particulier aux portes de Paris pour faciliter les liaisons entre la capitale et la banlieue. Cette année, aucun cycliste n'a trouvé la mort dans les rues de Paris, contrairement aux années précédentes. Mais le nombre d'accidents impliquant des vélos a augmenté.

Selon une enquête, les 16-26 ans sont les utilisateurs les plus fréquents. Parmi les occasionnels, les femmes sont en plus grand nombre, contrairement aux abonnés annuels où les hommes sont les plus représentés (près de 60 %). Vélib' fait maintenant partie des transports en commun parisiens avec le métro, le RER (réseau de trains express), le bus et le tramway.

* Vélib' est un système de vélos en libre-service : vous prenez un vélo à une borne de distribution et, après votre course, vous le rendez à une autre borne dans la ville.

Témoignage

Malgré le froid terrible de l'hiver à Paris, Nicolas, 17 ans, continue à monter sur son Vélib' tous les jours, vêtu de son épais manteau. Le matin, ce lycéen qui habite à Montmartre va au lycée à 20 minutes de chez lui, et le soir, avant de rentrer à la maison, il reprend un Vélib' pour aller dans son club de sport ou à son cours de guitare. Nicolas est vraiment content que le Vélib' soit disponible aussi facilement. Il l'a adopté il y a un an et demi. *« Je gagne vingt minutes par jour, à condition d'arriver à la station avant 8 heures. Sinon, il n'y a plus de vélos »*, explique-t-il. *« Avant, je profitais des week-ends et des soirées d'été pour me promener. J'étais un utilisateur occasionnel. Aujourd'hui, j'ai pris un abonnement annuel sur Internet. »*

1 **Expliquez, avec vos propres mots, le système Vélib'.**

2 **Complétez le tableau ci-dessous avec des chiffres.**

ⓐ Combien y a-t-il d'abonnés à Vélib' ?	
ⓑ Combien d'utilisateurs sont contents de Vélib' ?	
ⓒ Quelle est la durée de gratuité d'utilisation du Vélib' avec l'abonnement classique ?	
ⓓ Quelle est la durée de gratuité d'utilisation du Vélib' avec l'abonnement Vélib' Passion ?	

3 **Qu'est-ce que la mairie de Paris va faire pour répondre à l'augmentation du nombre d'utilisateurs ?**

4 **Quelle est l'information rassurante sur la sécurité des utilisateurs du Vélib' ? Et quelle est celle qui ne l'est pas ?**

L'information qui est rassurante	L'information qui n'est pas rassurante

5 **Qui représente le plus grand nombre d'abonnés ?**

6 **Qui représente le plus grand nombre d'utilisateurs occasionnels ?**

7 **Quels sont les plus grands utilisateurs ?**

8 **Pourquoi Nicolas utilise-t-il le Vélib' ? Citez une phrase du texte.**

➕ Les mots pour...

parler du Vélib'

• Les Franciliens
• La capitale ≠ La banlieue
• L'abonnement annuel
• Les abonnés/Les utilisateurs occasionnels ≠ fréquents
• Les cyclistes/Les pistes cyclables/Les stations Vélib'
• Renouveler/Reprendre

Vocabulaire

1 Complétez les phrases suivantes avec les locutions :
à condition de - par rapport à - contrairement à - même si.

(a) Cette année, il y a 40 % de membres en plus ... à l'année dernière.

(b) Cette année, aucun cycliste n'a trouvé la mort dans les rues de Paris, ... aux années précédentes.

(c) Je gagne vingt minutes par jour, ... arriver à la station avant 8 heures.

(d) ... le repas est un moment à partager, il n'y a pas de bons petits plats dans l'espace.

2 Trouvez le mot qui correspond à la définition :
apesanteur - astronaute - tourisme spatial - station spatiale - étoile - univers - navette spatiale.

(a) Personne qui voyage dans l'espace : ...

(b) Boules qui brillent dans l'espace : ...

(c) Véhicule qui permet de voyager dans l'espace : ...

(d) Installation technique dans l'espace : ...

(e) Voyager pour le plaisir dans l'espace : ...

(f) Ensemble de tout ce qui existe dans l'espace : ...

(g) Absence de poids dans l'espace : ...

3 Trouvez le mot ou l'expression qui convient pour répondre aux questions.

(a) Que faut-il payer tous les mois pour utiliser un Vélib' ? ▶...

(b) Sur quelle route spéciale et réservée circulent les cyclistes ? ▶...

(c) Comment s'appelle l'ensemble des villes qui se trouvent à côté de Paris ou des grandes villes ? ▶...

(d) Où garez-vous votre Vélib' ? ▶...

(e) Comment appelle-t-on ceux qui n'utilisent pas de Vélib' de manière habituelle ? ▶...

(f) Quelle est l'expression générale qui désigne le bus, le métro, le tramway et le RER ? ▶...

1 Comment prononcez-vous les mots suivants ? [e], [ɛ], [œ] ou [ø] ?
Écoutez et complétez le tableau.

		[e]	[ɛ]	[œ]	[ø]
1.	Je regrette				
2.	Plusieurs				
3.	Express				
4.	Ingénieur				
5.	Celle				
6.	Vrai				
7.	Espace				
8.	Voyager				

 2 Les sons [e], [ɛ], [œ] et [ø]. Écoutez les mots suivants et écrivez-les.

1.		7.	
2.		8.	
3.		9.	
4.		10.	
5.		11.	
6.		12.	

 3 Écoutez les mots suivants et dites comment s'écrit le son [f] : f, ff ou ph ?

	f	ff	ph
1.			
2.			
3.			
4.			
5.			
6.			
7.			
8.			
9.			
10.			

 4 Écoutez et prononcez les phrases suivantes contenant le son [r].

- **a** Trois tortues trottaient sur trois toits très étroits.
- **b** Le rat des rues se rit des rois.
- **c** Trois cent treize gros rats rient dans trois cent treize gros trous.
- **d** Trente-trois gros crapauds gris dans trente-trois gros trous creux.
- **e** Six escargots grelottent et ont la grippe.

Grammaire

 ## Le subjonctif dans l'expression des sentiments

Le subjonctif s'utilise dans les phrases subordonnées lorsqu'un sentiment est exprimé dans la phrase principale.

Ex. : Nicolas **est** vraiment **content** que le Vélib' **soit** disponible aussi facilement.

           Sentiment   *Subjonctif*

           Phrase principale   **Phrase subordonnée**

1 **Complétez les phrases avec les verbes suivants conjugués au présent du subjonctif :** être - falloir - venir - pouvoir.

(a) Nous sommes furieux qu'il ... être milliardaire pour voyager dans l'espace.

(b) Je suis très heureux que tu ... sélectionnée pour faire ce voyage sur la planète Mars.

(c) Ta mère est ravie que tu ... à Vélib' parce que c'est plus écolo.

(d) Ils ont peur que la navette spatiale ne ... pas atteindre son objectif.

2 **Complétez les phrases suivantes avec un verbe au subjonctif ou à l'indicatif.**

(a) Julie est nerveuse parce qu'elle ... .

(b) Mes amis sont très fiers que je ... .

(c) Le prof de sport est fâché que nous ... .

(d) Ma mère pense que je ... .

(e) Les copains sont étonnés que le Vélib' ... .

 ## La mise en relief

Pour donner de l'importance à une personne, une chose, une action dont on parle, on utilise les structures suivantes :

■ **Ce que +** sujet et verbe, suivi de **c'est/ce sont**. Ex. : **Ce que** je pense, **c'est** que les voyages dans l'espace vont se développer.

■ **Ce qui +** verbe et complément, suivi de **c'est/ce sont**. Ex. : **Ce qui** est important pour voyager dans l'espace, **c'est** d'avoir de l'argent.

■ **C'est moi/toi/lui/elle/vous qui** ... ; **ce sont nous/vous/eux qui +** verbe. Ex. : **C'est elle qui** est spécialiste des navettes spatiales. / **Ce sont eux qui** sont allés dans l'espace.

■ **C'est/ce sont +** nom **+ qui**. Ex. : **C'est** la navette *Soyouz* **qui** a été lancée mardi.

■ **C'est/ce sont +** nom **+ que**. Ex. : **Ce sont** les vols orbitaux **que** je préfère.

3 **Transformez les phrases en mettant en relief la partie soulignée.**

Ex. : <u>Nous croyons que</u> Vélib' est le meilleur moyen de se déplacer dans Paris.

     → Ce que nous croyons, c'est que Vélib' est le meilleur moyen de se déplacer dans Paris.

     <u>Vélib'</u> est le meilleur moyen de se déplacer dans Paris.

     → C'est Vélib' qui est le meilleur moyen de se déplacer dans Paris.

(a) <u>J'aimerais</u> faire un voyage dans l'espace un jour. → ...

(b) <u>Dennis Tito</u> est milliardaire. → ...

(c) <u>Il est préférable</u> de rester sur les pistes cyclables en Vélib'. → ...

(d) <u>Tu</u> voudrais devenir astronaute. → ...

(e) Nous avons visité <u>la station spatiale</u>. → ...

(f) Avant un vol dans l'espace, <u>il faut</u> beaucoup s'entraîner. → ...

 ## L'opposition et la concession

L'opposition : on utilise en « revanche » ou « par contre » pour opposer deux éléments de même nature.

Ex. : **En revanche**, si vous êtes moins riche, vous pouvez envoyer un peu de votre ADN dans l'espace pour 40 euros.

     Par contre, le maire déplore que le nombre d'accidents impliquant des vélos augmente.

La concession : on utilise « pourtant », « cependant » ou « malgré » (+ nom) pour parler d'un événement qui n'est pas logique ou pour introduire une conséquence inattendue.

Ex. : Je viens de prendre ce Vélib', **pourtant** il ne fonctionne pas.
Il adore marcher. **Cependant**, hier il a pris le métro.
Malgré le froid terrible de l'hiver à Paris, Nicolas, 17 ans, continue à monter sur son Vélib'.

4 Reliez les phrases entre elles et ajoutez « en revanche » ou « par contre ».

(a) Je n'ai jamais pris de Vélib'.
(b) Élise adore partir en vacances.
(c) Nous avons vu le premier épisode de la série sur Mars.
(d) Dans l'espace, on ne peut pas manger de vrais repas.

(1) ... nous n'avons pas vu le deuxième.
(2) ... elle déteste passer du temps dans les transports.
(3) ... il y a des aliments déshydratés.
(4) ... je prends souvent le bus.

5 Reliez les phrases entre elles avec « pourtant », « cependant » ou « malgré ».

Ex. : Il pleut. Camille préfère marcher. ▶ Malgré la pluie, Camille préfère marcher.

(a) Jules a des mauvaises notes en sciences. Il a réussi son année. ▶ ...
(b) Il y a une grande distance entre la Terre et la Lune. Les astronautes sont déjà allés sur la Lune. ▶ ...
(c) Il y a de la pollution. Il y a peu de voitures électriques en circulation. ▶ ...
(d) Le prix d'un voyage dans l'espace est très élevé. Beaucoup de personnes sont intéressées. ▶ ...

6 Reliez les phrases qui vont ensemble et ajoutez un mot de liaison.

Ex. : 1 ▶ c : Je n'aime pas les sciences, par contre, j'adore le français.

(1) *Je n'aime pas les sciences.*
(2) Claudia a une voiture.
(3) Inès voudrait être astronaute.
(4) Quentin voudrait aller sur la Lune.
(5) Antoine adore voyager en train.

(a) Il a peur en avion.
(b) Elle n'aimerait pas être danseuse.
(c) *J'adore le français.*
(d) Elle n'a pas le permis de conduire.
(e) Le tourisme spatial coûte trop cher.

★ L'expression de la durée et du moment

Pour exprimer la durée d'une action, on utilise :
- **depuis** si l'action dure encore. Ex. : Il habite à Kourou, en Guyane, **depuis** 5 ans.
- **pendant** si l'action est terminée ou a une durée limitée dans le futur.
  Ex. : Il a habité à Kourou **pendant** 5 ans. / Il va venir habiter à Kourou **pendant** 5 ans.

Pour exprimer le début d'une action, on utilise :
- **il y a** pour une action passée. Ex. : Il est arrivé à Kourou **il y a** 5 ans.
- **dans** pour une action future. Ex. : Il viendra à Kourou **dans** 5 ans.

7 Complétez les phrases avec « depuis », « pendant », « il y a » ou « dans ».

Ex. : La navette spatiale décolle **dans** une semaine.

(a) La navette spatiale *Discovery* a voyagé ... trente ans avant son dernier vol en avril 2012.
(b) Les premiers vols spatiaux ont commencé ... 60 ans.
(c) ... 15 ans, l'astronaute Claudie Haigneré était la première femme française à aller dans l'espace.
(d) L'homme pourra sûrement poser le pied sur Mars ... quelques années.

Oral

On n'arrête pas le progrès !

1 Écoutez l'émission.

2 Quel est le thème de la rubrique de Jonathan Dubard ?

- Le sport
- La science
- L'automobile

3 Dans quels domaines travaillent les trois spécialistes qu'il a interrogés ?

⊕ Les mots pour...

parler des nouvelles technologies

- Les avancées scientifiques et technologiques
- Le progrès
- La télévision 3D/ 3 dimensions
- Les lunettes « spécial 3D »
- Les études spatiales
- La planète Mars
- Un robot
- Une exploration/Explorer
- Fournir des données
- Poser le pied sur...
- Être à la pointe

4 Donnez quelques exemples d'avancées technologiques citées par Jean Cottin.

5 Quel type de voiture a été testé aux États-Unis ?

6 Combien de télévisions 3D devraient être vendues en France dans peu de temps ?

- Un million
- Deux millions
- Trois millions

7 Quel est le problème de la télévision en 3D évoqué par Susie Dupin ?

8 Quelle avancée est la plus importante dans le domaine spatial ?

9 Qu'est-ce que *Curiosity* ? Expliquez.

Parler

1 Préparez un exposé que vous présenterez à l'oral devant la classe. Choisissez parmi les sujets proposés.

ⓐ Les progrès les plus importants de ces dernières années.
ⓑ Les objets technologiques les plus importants dans votre vie quotidienne.
ⓒ La voiture du futur idéale pour vous.
ⓓ La voiture qui se conduit toute seule (exemple : *Google Car*).

2 Débat : pour ou contre les voyages touristiques dans l'espace ?

Formez deux groupes d'élèves dans la classe : le groupe « pour » et le groupe « contre ». Chaque groupe doit trouver deux ou trois arguments pour défendre son opinion et débattre ensuite oralement avec l'autre groupe.

3 À deux, jouez les situations.

① L'un(e) de vos ami(e)s refuse d'aller voir un film en 3D au cinéma avec vous. Vous essayez de le/la convaincre de vous accompagner.

② Votre ami(e) pense que le système de location de vélos et de voitures en libre-service n'est pas utile, il/elle préfère prendre les transports en commun. Vous essayez de le faire changer d'avis.

✚ Pour vous aider !

• **Exprimer son opinion** :
À mon avis, pour ma part, d'après moi, selon moi, en ce qui me concerne, personnellement, je crois/trouve/pense que...

• **Exprimer son désaccord** :
Ce n'est pas vrai, je ne suis pas d'accord, absolument pas, pas du tout, en aucun cas, je ne suis absolument pas de votre avis, vous avez tort, vous vous trompez

Écrit

Lire

Jules Verne
LA JOURNÉE D'UN journaliste américain en 2889 suivi par Le Humbug

Les hommes de ce XXIXe siècle vivent au milieu d'une féerie[1] continuelle, sans avoir l'air de s'en douter. Blasés[2] sur les merveilles, ils restent froids devant celles que le progrès leur apporte chaque jour. Avec plus de justice, ils apprécieraient comme ils le méritent les raffinements de notre civilisation. En la comparant au passé, ils se rendraient compte du chemin parcouru. Combien leur apparaîtraient plus admirables les cités modernes aux voies larges de cent mètres, aux maisons hautes de trois cents, à la température toujours égale, au ciel sillonné par des milliers d'**aérocars** et d'**aéro-omnibus**. Auprès de ces villes, dont la population atteint parfois jusqu'à dix millions d'habitants, qu'étaient ces villages, ces hameaux[3] d'il y a mille ans, ces Paris, ces Londres, ces Berlin, ces New York, bourgades[4] mal aérées et boueuses, où circulaient des caisses cahotantes[5], traînées par des chevaux – oui ! Des chevaux ! C'est à ne pas le croire ! S'ils se souvenaient du défectueux fonctionnement des paquebots et des chemins de fer, de leurs collisions[6] fréquentes, de leur lenteur aussi, quel prix les voyageurs n'attacheraient-ils pas aux **aérotrains**, et surtout à ces **tubes pneumatiques**, jetés à travers les océans, et dans lesquels on les transporte avec une vitesse de 1 500 kilomètres à l'heure ? Enfin ne jouirait-on pas mieux du téléphone et du **téléphote**, en se rappelant les anciens appareils de Morse et de Hugues[7], si insuffisants pour la transmission rapide des dépêches[8] ?

Jules Verne, *Au XXIXe siècle : La Journée d'un journaliste américain en 2889* (1910)

1 une féerie : un monde merveilleux.
2 blasé : indifférent.
3 un hameau : un petit village.
4 une bourgade : une petite ville.
5 cahotant : qui bouge, qui est instable.
6 une collision : un choc entre deux véhicules.
7 appareils de Morse et de Hugues : appareils permettant de communiquer à distance par des signaux codés (ce sont les ancêtres du téléphone).
8 une dépêche : une information.

1 Faites des recherches sur Internet pour savoir qui était Jules Verne.

- Année de naissance : ...
- Date de décès : ...
- Livres les plus connus : ...
- Thèmes de ses livres : ...

2 Quand Jules Verne a-t-il écrit l'œuvre présentée ici ?

3 En quelle année se situe l'histoire racontée dans l'extrait ?

4 Quelle vision donne Jules Verne de « l'ancien monde » du XXe siècle ?

5 À quoi peuvent correspondre les inventions imaginées par Jules Verne dans l'extrait ? Associez chaque invention à une image.

- a) L'aérocar
- b) L'aéro-omnibus
- c) L'aérotrain
- d) Le tube pneumatique
- e) Le téléphote

Unité 6 – Le monde d'aujourd'hui et de demain

 **Écrire**

1 Depuis quelques mois, vous constatez que le niveau de pollution dans votre ville augmente. Vous pensez qu'il faut agir rapidement et vous envoyez un courrier au maire pour lui proposer une série de mesures à prendre afin de réduire le taux de pollution. (environ 200 mots)

2 Vous souhaitez participer au projet « Mars One ». Vous remplissez le questionnaire.

Mars One

Le projet « Mars One » a pour objectif d'emmener des humains sur Mars en 2025 pour fonder un habitat permanent à partir duquel nous pourrons prospérer, apprendre et nous développer.

Vous souhaitez postuler ? C'est très simple. Il suffit de remplir un questionnaire. Ce sont les experts de « Mars One » qui choisiront les candidats passant à la seconde étape. Les heureux élus se rencontreront dans 3 nouveaux rounds et participeront à une formation continue à l'issue de laquelle ils pourront faire partie du premier équipage de quatre personnes à atterrir sur Mars en 2023.

QUESTIONNAIRE « MARS ONE »

Informations personnelles
NOM : ...
Prénom : ...
Date de naissance : ...
Lieu de naissance : ...
Nationalité : ...
Adresse : ...
Numéro de téléphone : ...

Condition physique
Comment jugez-vous votre état de santé ? ❑ très bon ❑ bon ❑ moyen ❑ mauvais
Êtes-vous suivi(e) par un médecin ? ❑ oui ❑ non
  Si oui, pour quel motif ? ...
Avez-vous déjà été hospitalisé(e) ? ❑ oui ❑ non
  Si oui, pour quel motif ? ...
Faites-vous du sport régulièrement ? ❑ oui ❑ non
  Si oui, le(s)quel(s) ? ...

Formation / Profession
• Formation : ...
• Profession : ...

Intérêts personnels
Quels sont vos centres d'intérêt ? ...

Motivation
Pourquoi souhaitez-vous participer au projet « Mars One » ? ...

3 Comment imaginez-vous l'avenir en 2100 ?
Comment vivrons-nous ?
Quelles inventions technologiques imaginez-vous ?
Rédigez un petit texte pour donner
votre vision du futur. (environ 200 mots)

Autolib' :
l'auto en libre-service

APRÈS l'expérience du Vélib', la mairie de Paris a lancé l'Autolib'*, un système de location de voitures en libre-service. Le fonctionnement est le même : des bornes de stationnement réparties dans la ville et dans certaines villes voisines. Aujourd'hui, avoir une voiture lorsqu'on doit se déplacer en ville peut poser quelques ennuis : des difficultés pour se garer, des amendes** à répétition, et le prix élevé du carburant et de l'entretien. Il est donc temps de passer à la voiture en libre-service !

L'Autolib' est le premier service de location courte durée de voitures 100 % électriques en libre-service sans retour obligé au point de départ. Une révolution des modes de transport qui apporte liberté et calme, et qui est simple et écologique.

Avec Autolib', vous disposez d'une voiture quand vous le souhaitez pour 1 heure ou 2, ou bien quelques jours, sans autre préoccupation que de la conduire.

Le système est souple et économique : vous pouvez réserver le véhicule de votre choix par Internet ou par téléphone 24h/24, 7j/7. Roulez et payez uniquement ce que vous consommez !

Aujourd'hui, pour conduire une Autolib', il suffit d'être âgé d'au moins 18 ans et de posséder un permis de conduire valide. Si vous êtes un jeune conducteur, c'est un point positif car, par rapport aux loueurs de voitures classiques, le service est accessible à tous ceux qui ont un permis de conduire valide, sans limitation liée à l'âge ou à la date de son obtention.

À Lyon, ce service existe depuis 2003, avec un parc automobile composé de 72 véhicules et de 23 stations. Au niveau mondial, le système de Paris est unique par sa taille (3 000 voitures à terme).

Autolib' est un mot-valise, contraction de « automobile » et de « liberté ».
* *une amende : une pénalité sous forme de paiement d'une somme d'argent.*

---

1 Lisez l'article et répondez aux questions.

ⓐ Expliquez en quelques mots ce qu'est l'Autolib' et son fonctionnement.
ⓑ Quels sont aujourd'hui les inconvénients d'être propriétaire d'une voiture quand on habite à Paris ?
ⓒ Quelle est la particularité des voitures Autolib' ?
ⓓ Quels sont les avantages à utiliser les Autolib' ?
ⓔ Comment peut-on se procurer une voiture Autolib' ?
ⓕ Quelles sont les conditions pour pouvoir conduire une voiture Autolib' ?
ⓖ Dans quelle ville, autre que Paris, peut-on trouver les Autolib' ?

À vous !

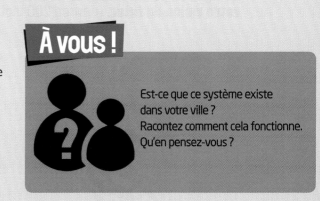

Est-ce que ce système existe dans votre ville ?
Racontez comment cela fonctionne.
Qu'en pensez-vous ?

L'ETT : un projet fou !

L'ETT *(Evacuated Tube Transport)*, est un projet fou ! L'ETT est un système de transport permettant de se déplacer encore plus rapidement d'un point à l'autre de la Terre, grâce à des tubes sous vide qui n'auraient aucun frottement dans l'air. L'ETT fonctionnerait grâce à la lévitation* électromagnétique. Rien de révolutionnaire, cela existe déjà sur des trains au Japon, mais l'ETT pourrait atteindre une vitesse maximale de 6 500 kilomètres/heure. Une capsule pourrait contenir jusqu'à six voyageurs et serait propulsée dans un tube. On pourrait ainsi voyager de New York à Pékin en seulement deux heures ou bien faire un tour du monde en six heures ! La capsule permettrait au voyageur de ne ressentir qu'une force équivalente à celle ressentie dans une voiture classique, ce qui éviterait certains désagréments liés à une vitesse trop élevée, comme le fait d'être réduit littéralement en bouillie sur son siège par exemple. Ce projet de tuyaux transporteurs rappelle l'un des moyens de transport de la série télévisée *Futurama*… Les créateurs sont confiants, et déclarent que ce type de voyage sera possible dans une décennie** et qu'il révolutionnera les transports. Ils précisent que leur ETT sera écologique et qu'il consommera moins d'énergie qu'un transport en train, en avion ou en voiture. L'ETT deviendrait assurément un moyen de transport plus sûr et plus silencieux.

* la lévitation : le fait de s'élever dans l'air sans aide matérielle.
** une décennie: une période de 10 années.

2 Lisez l'article et répondez aux questions.

(a) Comment fonctionne l'ETT ?
(b) Dans quel pays ce moyen de transport existe-t-il déjà ?
(c) Combien de temps mettrait-on pour voyager de New York à Pékin ?
(d) Est-ce que la vitesse de la capsule aurait un impact sur le voyageur ? Expliquez.
(e) Dans quelle série télévisée voit-on ce type de transport ? La connaissez-vous ?
(f) D'après les créateurs, dans combien de temps pourra-t-on voyager en ETT ?
(g) Quels sont tous les avantages de l'ETT par rapport au train ou à l'avion ?

À vous !

(1) Et vous, que pensez-vous de ce projet ? Vous semble-t-il réalisable ? Pourquoi ?
(2) Est-ce que vous aimeriez pouvoir vous déplacer aussi rapidement ? Pourquoi ?
(3) Pensez-vous vraiment qu'il peut être plus sûr que les moyens de transport comme l'avion ou le train ? Pourquoi ?
(4) Si on vous proposait de tester ce projet, accepteriez-vous ?

Test

Unité 6

1 Complétez les phrases avec « depuis », « pendant », « il y a » ou « dans ». ...... /4

(a) On peut emprunter un Vélib' ... plusieurs heures.
(b) La navette spatiale décollera ... quelques heures.
(c) ... deux ans, la Cité de l'astronomie ouvrait ses portes au public.
(d) À Lyon, l'auto en libre-service existe ... 2003.

2 Complétez le texte avec les mots suivants : ...... /4
espace - astronautes - étoiles - navette spatiale.

À la Cité de l'astronomie, venez découvrir comment vivent les ... quand ils sont dans l'... . Vous pourrez aussi visiter leur ..., voir où ils dorment et mangent. Et le soir, venez admirer les ... dans le ciel.

3 Complétez les phrases suivantes en utilisant le subjonctif. ...... /4

(a) Ils sont très contents que l'Autolib' (*pouvoir*) ... fonctionner.
(b) Je suis triste que tu ne (*venir*) ... pas avec moi voir cette exposition sur l'espace !
(c) Je suis fâchée que tu ne (*prendre*) ... pas un abonnement mensuel.
(d) Je suis heureuse que vous (*participer*) ... à ce voyage extraordinaire !

4 C'est ... qui, c'est moi qui, c'est ... que, ce sont ... que ? ...... /4
Complétez les phrases comme dans l'exemple.

Ex. : Baptiste utilise le Vélib', pas Lucie ! ▶ **C'est** Baptiste **qui** utilise le Vélib', pas Lucie !

(a) J'aimerais aller sur la Lune ! ▶ ...
(b) Le métro est le moyen le plus rapide pour se déplacer dans Paris. ▶ ...
(c) J'ai déjà regardé le reportage sur la fusée *Soyouz*. ▶ ...
(d) Il faut faire des études scientifiques pour devenir astronaute. ▶ ...

5 Complétez les phrases avec les mots de liaison suivants : ...... /4
par contre - pourtant - cependant - malgré.

(a) J'aime beaucoup voyager ... ma peur de l'avion.
(b) Il devait passer un entretien pour travailler à la NASA, ... il ne s'est pas présenté.
(c) Des progrès ont été faits pour aller sur la Lune, ... très peu de personnes peuvent y aller.
(d) Je voyage beaucoup, mais je n'ai pas d'abonnement. ... j'ai toujours des réductions intéressantes.

...... /20

Corrigez en classe et comptez votre score.
Vous avez entre 18 et 20 points ? Bravo !
Vous avez autour de 15 points ? Pas mal.
Vous avez moins de 15 points ? Révisez l'unité et mémorisez !

Unité 6 – Le monde d'aujourd'hui et de demain

Annexes

Grammaire

Tableaux de conjugaison

Actes de communication

Grammaire

 **Le comparatif**

	Avec un adjectif ou un adverbe	Avec un nom	Avec un verbe
Supérieur **(+)**	plus ... que *Ex. : Paul est **plus** sportif **que** Léa.*	plus de ... que *Ex. : Il y a **plus de** bruit en ville **qu**'à la campagne.*	... plus que *Ex. : Paul voyage **plus que** Jean.*
Égal **(=)**	aussi ... que *Ex. : Jean court **aussi** vite **que** Manon.*	autant de ... que *Ex. : Le tigre a **autant de** force **que** le lion.*	... autant que *Ex. : Paul voyage **autant que** Jean.*
Inférieur **(−)**	moins ... que *Ex. : Paul est **moins** sportif **que** Kim.*	moins de ... que *Ex. : Il y a **moins de** pluie en été **qu**'en automne.*	... moins que *Ex. : Paul voyage **moins que** Jean.*

La seconde partie de la comparaison peut être sous-entendue :
Ex. : Paul fait moins de sport, mais il est plus en forme (que Jean).

Les temps du passé

1. Forme
Le passé composé et l'imparfait sont deux temps appartenant au mode de l'indicatif.

▶**Le passé composé** est utilisé :
• pour raconter un événement survenu à un moment précis dans le passé.
 *Ex. : Samedi, on **a répété** toute la journée.*

• pour exprimer une action ponctuelle et accomplie.
 *Ex. : Hier midi, on répétait quand Luca nous **a apporté** les pizzas !*

• pour exprimer une période de temps définie, dans le passé.
*Ex. : Hier matin, de 8 h 30 à 10 h, j'**ai créé** une playlist pour l'anniversaire de Benjamin.*

▶**L'imparfait** est utilisé :
• pour évoquer des souvenirs.
*Ex. : À cette soirée, il y **avait** une super ambiance, tout le monde **dansait** et **chantait**.*

• pour exprimer une action habituelle dans le passé.
*Ex. : Il **allait** tous les samedis à ses cours de guitare.*

• pour exprimer une période de temps indéfinie, dans le passé.
*Ex. : Avant, mes parents **écoutaient** des vinyles. Aujourd'hui, ils écoutent des CD.*

▶**L'accord du participe passé**
Quand le passé composé se forme avec l'auxiliaire **être**, il faut accorder le participe passé avec le sujet auquel il se rapporte.
*Ex. : Hier, **Julie est** allé**e** au concert de Sinsemilia.*
   Max et Vincent sont parti**s** samedi soir.

Attention !
Dans les phrases au passé composé, la négation entoure l'auxiliaire.
*Ex. : Hier, Julie **n**'est **pas** allée au concert de Sinsemilia.*
   *Max et Vincent **ne** sont **pas** partis samedi soir.*

2. Emploi

Ce sont deux temps qui expriment le passé de façon différente.

▶ Raconter une action passée

Le passé composé permet de raconter des actions passées.

*Ex. : Hier, avec les copains, nous **sommes allés** au cinéma. Nous **avons vu** le nouveau film de Ridley Scott, Exodus. Après le film, nous **avons été** au restaurant. Je **suis rentré** à la maison vers 23 heures. Je **me suis couché** à minuit. J'**ai passé** une très belle journée.*

▶ Décrire dans le passé

L'imparfait permet de faire des descriptions.

*Ex. : Le dessert que j'ai mangé était délicieux. C'**était** une tarte Tatin. Elle **était** délicieuse. Le caramel **coulait** sur la tarte, les pommes **étaient** sucrées, la pâte **était** bien chaude. Un régal !*

▶ Raconter deux actions simultanées dans le passé

Dans un récit au passé, quand deux actions se passent en même temps (la simultanéité), on doit utiliser le passé composé et l'imparfait.

L'imparfait donne les éléments du décor (de la situation) et le passé composé sert à parler d'événements ponctuels, qui arrivent une fois.

L'imparfait a une durée **indéfinie** et le passé composé a une durée **finie** (avec un début et une fin).

*Ex. : Nous **sommes arrivés** à la conférence pendant que le président **parlait**.*
        Événement   Situation

   *Quand l'avion **a décollé** pour Mexico, il **pleuvait** très fort.*
        Événement   Situation

 **Les pronoms possessifs**

		Singulier		Pluriel	
		Masculin	Féminin	Masculin	Féminin
Je	C'est à moi	le mien	la mienne	les miens	les miennes
Tu	C'est à toi	le tien	la tienne	les tiens	les tiennes
Il/Elle/On	C'est à lui / à elle / à soi	le sien	la sienne	les siens	les siennes
Nous	C'est à nous	le nôtre	la nôtre	les nôtres	les nôtres
Vous	C'est à vous	le vôtre	la vôtre	les vôtres	les vôtres
Ils/Elles	C'est à eux / à elles	le leur	la leur	les leurs	les leurs

*Ex. : Ce disque est à moi, c'est **le mien**.*
    *Ces baguettes sont à eux, ce sont **les leurs**.*

Attention !
On écrit et on prononce différemment :
*Ex. : **Notre** chanteuse est fantastique ! (« o » ouvert).*
    adjectif
    *C'est la **nôtre** ! (« ô » fermé)*
        pronom

Grammaire

 ## Le discours rapporté au passé

On utilise le discours rapporté quand on rapporte les paroles d'une autre personne.
Le discours rapporté est toujours composé d'une phrase principale avec un verbe de déclaration
(*dire, déclarer, annoncer, affirmer, penser, croire...*) et d'une phrase secondaire (ou subordonnée).
Ex. : Le président **déclare** que <u>l'écologie sera la priorité de son gouvernement</u>.
        Phrase principale   *Phrase subordonnée*

Quand le verbe de déclaration est au passé, il faut respecter **la concordance des temps** :
▶ **Dans un discours rapporté au passé, le présent se transforme en imparfait.**
Ex. : *Marie ne **veut** pas faire d'écotourisme en Guyane française.*
     *Ma meilleure amie m'**a dit** qu'elle ne **voulait** pas faire d'écotourisme en Guyane française.*

▶ **Dans un discours rapporté au passé, le futur se transforme en conditionnel présent.**
Ex. : *Pablo **ira** à la conférence de Cancun sur le réchauffement climatique.*
     *Pablo m'**a annoncé** qu'il **irait** à la conférence de Cancun sur le réchauffement climatique.*

 ## Les expressions de la quantité

On peut parler de la quantité de façon **comptable**, c'est-à-dire qu'on détermine la quantité de façon précise.
Pour cela, on utilise :

▶ les unités de mesure :
    • pour les liquides (eau, lait, jus de fruit...) : **litre (l)**, **millilitre (ml)**, **centilitre (cl)**, **décilitre (dl)** ;
    • pour les solides (farine, beurre, sucre...) : **kilogramme/kilo (kg)**, **gramme (g)**, **centigramme (cg)**, **milligramme (mg)**.

▶ les contenants : un **pot** de yaourt, un **bol** de soupe, une **tasse** de café, un **verre** d'eau, un **sachet** de levure,
une **cuillère** de compote, un **paquet** de pâtes, une **boîte** de thon ;

▶ les portions : une **poignée** de riz, une **tranche** d'ananas, un **morceau** de fromage, une **part** de tarte, une **boule** de glace ;

On peut également parler de quantité de façon **non comptable**, c'est-à-dire indéterminée.
Pour cela, on utilise :

▶ les articles partitifs : **du** pain, **de la** salade, **de l'**œuf, **des** oranges ;

▶ les adverbes : **peu de** beurre, **un peu de** sucre, **pas mal de** melon, **suffisamment de** pain, **assez d'**oignons,
beaucoup de fraises, **énormément de** chocolat ;

▶ les déterminants indéfinis : **aucune** tomate, **quelques** framboises, **plusieurs** champignons.

 ## Le conditionnel présent

Formation : infinitif + **terminaisons du conditionnel** : -ais, -ais, -ait, -ions, -iez, -aient.
Ex. : *Manger → je manger**ais**, tu manger**ais**, il/elle/on manger**ait**, nous manger**ions**, vous manger**iez**, ils/elles manger**aient**.*

Verbes irréguliers :   Aller → j'irais   Avoir → j'aurais   Devoir → je devrais
                     Être → je serais   Faire → je ferais   Pouvoir → je pourrais

▶ Voir les tableaux de conjugaison, pages 108-112.

Les hypothèses

Il existe différents types d'hypothèses, en fonction de leur degré de probabilité.

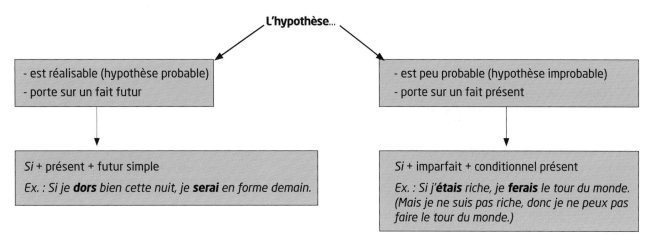

L'hypothèse...

- est réalisable (hypothèse probable)
- porte sur un fait futur

- est peu probable (hypothèse improbable)
- porte sur un fait présent

Si + présent + futur simple
Ex. : Si je **dors** *bien cette nuit, je* **serai** *en forme demain.*

Si + imparfait + conditionnel présent
*Ex. : Si j'***étais** *riche, je* **ferais** *le tour du monde. (Mais je ne suis pas riche, donc je ne peux pas faire le tour du monde.)*

 Le plus-que-parfait

1. Forme

Le plus-que-parfait se forme avec **l'auxiliaire *être* ou *avoir* conjugué à l'imparfait + le participe passé du verbe**.
Le choix de l'auxiliaire (*être* ou *avoir*) et l'accord du participe passé avec l'auxiliaire *être* suivent les mêmes règles que pour le passé composé.

Cuisiner	Aller
J'**avais** cuisiné	J'**étais** allé(e)
Tu **avais** cuisiné	Tu **étais** allé(e)
Il/Elle/On **avait** cuisiné	Il/Elle/On **était** allé(e)
Nous **avions** cuisiné	Nous **étions** allé(e)s
Vous **aviez** cuisiné	Vous **étiez** allé(e)(s)
Ils/Elles **avaient** cuisiné	Ils/Elles **étaient** allé(e)s

2. Emploi

On emploie le plus-que-parfait pour parler :
▶ d'un fait qui s'est produit avant un autre fait passé.
  *Ex. : J'***avais fini** *mon repas <u>quand il est arrivé</u>.*

▶ d'un événement révolu dans le passé.
  *Ex. : J'***avais appris** *à cuisiner très jeune.*

La négation « ne ... pas » entoure l'auxiliaire, comme au passé composé.
Ex. : Je **n'***avais* **pas** *cuisiné.*

On peut utiliser les adverbes « déjà » et « encore » avec le plus-que-parfait.
Ex. : Il avait **déjà** *beaucoup voyagé quand je l'ai rencontré.*
    Je n'avais pas **encore** *préparé le dîner quand il est rentré.*

Grammaire

 Le présent du subjonctif

Il sert à présenter une action comme possible, mais sans certitude.

Verbes irréguliers

Être	Avoir	Aller	Savoir	Faire
Que je sois	Que j'aie	Que j'aille	Que je sache	Que je fasse
Que tu sois	Que tu aies	Que tu ailles	Que tu saches	Que tu fasses
Qu'il/elle/on soit	Qu'il/elle/on ait	Qu'il/elle/on aille	Qu'il/elle/on sache	Qu'il/elle/on fasse
Que nous soyons	Que nous ayons	Que nous allions	Que nous sachions	Que nous fassions
Que vous soyez	Que vous ayez	Que vous alliez	Que vous sachiez	Que vous fassiez
Qu'ils/elles soient	Qu'ils/elles aient	Qu'ils/elles aillent	Qu'ils/elles sachent	Qu'ils/elles fassent

Cas particulier :
Le verbe **penser** est un cas particulier. Lorsqu'il est à la forme affirmative, le verbe de la subordonnée est conjugué à un temps de l'indicatif. Par contre, lorsqu'il est à la forme négative, le verbe de la subordonnée est au subjonctif.
Ex. : Je pense qu'il sait conduire une moto.
    Je ne pense pas *qu'il* **sache** *conduire une moto.*

 Les pronoms relatifs composés

Les pronoms relatifs composés (**lequel**, **laquelle**, **duquel**, **auxquelles**...) s'emploient :
▶ quand l'antécédent est un nom de chose (ex. : la chaîne de télévision) et que le relatif est précédé d'une préposition (*à, de*).
Ex. : La chaîne de télévision à laquelle je suis abonnée est très récente.

▶ à la place des pronoms relatifs simples « qui » ou « que » quand il peut y avoir une confusion.
Ex. : Je connais bien le site de cette chaîne de télévision, lequel est très complet.
Ici, **lequel** permet d'éviter une confusion entre « site » et « *chaîne de télévision* ».

 Le pronom « y »

Il sert à remplacer :
▶ un complément de lieu introduit par une préposition (**à**, **en**, **dans**, **sur**, **chez**...), sauf **de**.
Ex. : Elle vit en France ? – Oui, elle y vit depuis 5 ans.
    Tu vas souvent chez ta grand-mère ? – Non, je n'y vais pas très souvent.
    Tu connais Paris ? – Oui, j'y ai vécu pendant cinq ans.
▶ un complément de verbe introduit par la préposition **à** comme *s'adapter à, croire à, penser à, s'intéresser à, participer à, jouer à, réfléchir à...*
Ex. : Tu as pensé à tes congés ? – Oui, j'y pense tout le temps.
    Elle a réfléchi à sa demande ? – Non, elle n'y a pas encore réfléchi.
    Tu joues au basketball ? – Oui, j'y joue le week-end.

Attention ! Quand le complément est un être animé, on utilise les pronoms toniques après la préposition **à** :
Ex. : Elle s'est intéressée à ses cousins ? – Non, elle ne s'intéresse jamais à eux.

Rappel : Il ne faut pas employer **y** devant le futur et le conditionnel présent du verbe *aller*.
Ex. : Est-ce que tu iras à la réunion mardi prochain ? – Oui, j'irai à la réunion.

Les adverbes de manière

Les adverbes de manière sont des mots invariables.
Ils s'utilisent avec un verbe, un adjectif ou un autre adverbe, pour en modifier le sens.

▶ Verbe + **adverbe**
*Ex. : Il chante **juste**.*
▶ **Adverbe** + adjectif
*Ex. : Il est **très** beau.*
▶ **Adverbe** + **adverbe**
*Ex. : Il parle **très lentement**.*

 ## Les doubles pronoms

Le pronom complément se place devant le verbe auquel il fait référence.
Ex. : Je vais parler à mes parents ce soir. → *Je vais leur parler ce soir.*

Sauf dans le cas de l'impératif affirmatif :
Ex. : Parle-leur ce soir !

Quand on peut remplacer deux compléments, l'ordre des pronoms varie.
Les pronoms compléments **en** et **y** occupent toujours la deuxième place.

Attention à l'expression particulière : *Il **y en** a.*

Pour les temps de l'**indicatif**, du **subjonctif** et du **conditionnel**, la place des pronoms est la suivante :

sujet	(ne)	me te nous vous se	le la les (l')	lui leur y	en	verbe auxiliaire	(pas)	participe

*Ex. : Il **me les** a données.*
*Il ne **vous les** a pas données.*
*Il **les leur** a données.*
*Il ne **les leur** a pas données.*
*Il **t'en** a vendu.*
*Il ne **leur en** a pas vendu.*
*Il **nous y** a accompagnés.*
*Il ne **les y** a pas accompagnés.*

Tableaux de conjugaison

Verbes en -er

Étudier

Présent	Futur simple	Passé composé	Imparfait	Plus-que-parfait	Conditionnel présent	Subjonctif présent
J'étudie	J'étudierai	J'ai étudié	J'étudiais	J'avais étudié	J'étudierais	Que j'étudie
Tu étudies	Tu étudieras	Tu as étudié	Tu étudiais	Tu avais étudié	Tu étudierais	Que tu étudies
Il/elle/on étudie	Il/elle/on étudiera	Il/elle/on a étudié	Il/elle/on étudiait	Il/elle/on avait étudié	Il/elle/on étudierait	Qu'il/elle/on étudie
Nous étudions	Nous étudierons	Nous avons étudié	Nous étudions	Nous avions étudié	Nous étudierions	Que nous étudiions
Vous étudiez	Vous étudierez	Vous avez étudié	Vous étudiez	Vous aviez étudié	Vous étudieriez	Que vous étudiiez
Ils/elles étudient	Ils/elles étudieront	Ils/elles ont étudié	Ils/elles étudiaient	Ils/elles avaient étudié	Ils/elles étudieraient	Qu'ils/elles étudient

Travailler

Présent	Futur simple	Passé composé	Imparfait	Plus-que-parfait	Conditionnel présent	Subjonctif présent
Je travaille	Je travaillerai	J'ai travaillé	Je travaillais	J'avais travaillé	Je travaillerais	Que je travaille
Tu travailles	Tu travailleras	Tu as travaillé	Tu travaillais	Tu avais travaillé	Tu travaillerais	Que tu travailles
Il/elle/on travaille	Il/elle/on travaillera	Il/elle/on a travaillé	Il/elle/on travaillait	Il /elle/on avait travaillé	Il/elle/on travaillerait	Qu'il/elle/on travaille
Nous travaillons	Nous travaillerons	Nous avons travaillé	Nous travaillions	Nous avions travaillé	Nous travaillerions	Que nous travaillions
Vous travaillez	Vous travaillerez	Vous avez travaillé	Vous travailliez	Vous aviez travaillé	Vous travailleriez	Que vous travailliez
Ils/elles travaillent	Ils/elles travailleront	Ils/elles ont travaillé	Ils/elles travaillaient	Ils/elles avaient travaillé	Ils/elles travailleraient	Qu'ils/elles travaillent

Communiquer

Présent	Futur simple	Passé composé	Imparfait	Plus-que-parfait	Conditionnel présent	Subjonctif présent
Je communique	Je communiquerai	J'ai communiqué	Je communiquais	J'avais communiqué	Je communiquerais	Que je communique
Tu communiques	Tu communiqueras	Tu as communiqué	Tu communiquais	Tu avais communiqué	Tu communiquerais	Que tu communiques
Il/elle/on communique	Il/elle/on communiquera	Il/elle/on a communiqué	Il/elle/on communiquait	Il/elle/on avait communiqué	Il/elle/on communiquerait	Qu'il/elle/on communique
Nous communiquons	Nous communiquerons	Nous avons communiqué	Nous communiquions	Nous avions communiqué	Nous communiquerions	Que nous communiquions
Vous communiquez	Vous communiquerez	Vous avez communiqué	Vous communiquiez	Vous aviez communiqué	Vous communiqueriez	Que vous communiquiez
Ils/elles communiquent	Ils/elles communiqueront	Ils/elles ont communiqué	Ils/elles communiquaient	Ils/elles avaient communiqué	Ils/elles communiqueraient	Qu'ils/elles communiquent

Voyager

Présent	Futur simple	Passé composé	Imparfait	Plus-que-parfait	Conditionnel présent	Subjonctif présent
Je voyage	Je voyagerai	J'ai voyagé	Je voyageais	J'avais voyagé	Je voyagerais	Que je voyage
Tu voyages	Tu voyageras	Tu as voyagé	Tu voyageais	Tu avais voyagé	Tu voyagerais	Que tu voyages
Il/elle/on voyage	Il/elle/on voyagera	Il/elle/on a voyagé	Il/elle/on voyageait	Il/elle/on avait voyagé	Il/elle/on voyagerait	Qu'il/elle/on voyage
Nous voyageons	Nous voyagerons	Nous avons voyagé	Nous voyagions	Nous avions voyagé	Nous voyagerions	Que nous voyagions
Vous voyagez	Vous voyagerez	Vous avez voyagé	Vous voyagiez	Vous aviez voyagé	Vous voyageriez	Que vous voyagiez
Ils/elles voyagent	Ils/elles voyageront	Ils/elles ont voyagé	Ils/elles voyageaient	Ils/elles avaient voyagé	Ils/elles voyageraient	Qu'ils/elles voyagent

Verbes en -*oir* ou -*oire*

Croire						
Présent	**Futur simple**	**Passé composé**	**Imparfait**	**Plus-que-parfait**	**Conditionnel présent**	**Subjonctif présent**
Je crois	Je croirai	J'ai cru	Je croyais	J'avais cru	Je croirais	Que je crois
Tu crois	Tu croiras	Tu as cru	Tu croyais	Tu avais cru	Tu croirais	Que tu croies
Il/elle/on croit	Il/elle/on croira	Il/elle/on a cru	Il/elle/on croyait	Il/elle/on avait cru	Il/elle/on croirait	Qu'il/elle/on croie
Nous croyons	Nous croirons	Nous avons cru	Nous croyions	Nous avions cru	Nous croirions	Que nous croyions
Vous croyez	Vous croirez	Vous avez cru	Vous croyiez	Vous aviez cru	Vous croiriez	Que vous croyiez
Ils/elles croient	Ils/elles croiront	Ils/elles ont cru	Ils/elles croyaient	Ils/elles avaient cru	Ils/elles croiraient	Qu'ils/elles croient

Vouloir						
Présent	**Futur simple**	**Passé composé**	**Imparfait**	**Plus-que-parfait**	**Conditionnel présent**	**Subjonctif présent**
Je veux	Je voudrai	J'ai voulu	Je voulais	J'avais voulu	Je voudrais	Que je veuille
Tu veux	Tu voudras	Tu as voulu	Tu voulais	Tu avais voulu	Tu voudrais	Que tu veuilles
Il/elle/on veut	Il/elle/on voudra	Il/elle/on a voulu	Il/elle/on voulait	Il/elle/on avait voulu	Il/elle/on voudrait	Qu'il/elle/on veuille
Nous voulons	Nous voudrons	Nous avons voulu	Nous voulions	Nous avions voulu	Nous voudrions	Que nous voulions
Vous voulez	Vous voudrez	Vous avez voulu	Vous vouliez	Vous aviez voulu	Vous voudriez	Que vous vouliez
Ils/elles veulent	Ils/elles voudront	Ils/elles ont voulu	Ils/elles voulaient	Ils/elles avaient voulu	Ils/elles voudraient	Qu'ils/elles veuillent

Devoir						
Présent	**Futur simple**	**Passé composé**	**Imparfait**	**Plus-que-parfait**	**Conditionnel présent**	**Subjonctif présent**
Je dois	Je devrai	J'ai dû	Je devais	J'avais dû	Je devrais	Que je doive
Tu dois	Tu devras	Tu as dû	Tu devais	Tu avais dû	Tu devrais	Que tu doives
Il/elle/on doit	Il/elle/on devra	Il/elle/on a dû	Il/elle/on devait	Il/elle/on avait dû	Il/elle/on devrait	Qu'il/elle/on doive
Nous devons	Nous devrons	Nous avons dû	Nous devions	Nous avions dû	Nous devrions	Que nous devions
Vous devez	Vous devrez	Vous avez dû	Vous deviez	Vous aviez dû	Vous devriez	Que vous deviez
Ils/elles doivent	Ils/elles devront	Ils/elles ont dû	Ils/elles devaient	Ils/elles avaient dû	Ils/elles devraient	Qu'ils/elles doivent

Savoir						
Présent	**Futur simple**	**Passé composé**	**Imparfait**	**Plus-que-parfait**	**Conditionnel présent**	**Subjonctif présent**
Je sais	Je saurai	J'ai su	Je savais	J'avais su	Je saurais	Que je sache
Tu sais	Tu sauras	Tu as su	Tu savais	Tu avais su	Tu saurais	Que tu saches
Il/elle/on sait	Il/elle/on saura	Il/elle/on a su	Il/elle/on savait	Il/elle/on avait su	Il/elle/on saurait	Qu'il/elle/on sache
Nous savons	Nous saurons	Nous avons su	Nous savions	Nous avions su	Nous saurions	Que nous sachions
Vous savez	Vous saurez	Vous avez su	Vous saviez	Vous aviez su	Vous sauriez	Que vous sachiez
Ils/elles savent	Ils/elles sauront	Ils/elles ont su	Ils/elles savaient	Ils/elles avaient su	Ils/elles sauraient	Qu'ils/elles sachent

Tableaux de conjugaison

Verbes en -*ir*

Tenir

Présent	Futur simple	Passé composé	Imparfait	Plus-que-parfait	Conditionnel présent	Subjonctif présent
Je tiens	Je tiendrai	J'ai tenu	Je tenais	J'avais tenu	Je tiendrais	Que je tienne
Tu tiens	Tu tiendras	Tu as tenu	Tu tenais	Tu avais tenu	Tu tiendrais	Que tu tiennes
Il/elle/on tient	Il/elle/on tiendra	Il/elle/on a tenu	Il/elle/on tenait	Il/elle/on avait tenu	Il/elle/on tiendrait	Qu'il/elle/on tienne
Nous tenons	Nous tiendrons	Nous avons tenu	Nous tenions	Nous avions tenu	Nous tiendrions	Que nous tenions
Vous tenez	Vous tiendrez	Vous avez tenu	Vous teniez	Vous aviez tenu	Vous tiendriez	Que vous teniez
Ils/elles tiennent	Ils/elles tiendront	Ils/elles ont tenu	Ils/elles tenaient	Ils/elles avaient tenu	Ils/elles tiendraient	Qu'ils/elles tiennent

Choisir

Présent	Futur simple	Passé composé	Imparfait	Plus-que-parfait	Conditionnel présent	Subjonctif présent
Je choisis	Je choisirai	J'ai choisi	Je choisissais	J'avais choisi	Je choisirais	Que je choisisse
Tu choisis	Tu choisiras	Tu as choisi	Tu choisissais	Tu avais choisi	Tu choisirais	Que tu choisisses
Il/elle/on choisit	Il/elle/on choisira	Il/elle/on a choisi	Il/elle/on choisissait	Il/elle/on avait choisi	Il/elle/on choisirait	Qu'il/elle/on choisisse
Nous choisissons	Nous choisirons	Nous avons choisi	Nous choisissions	Nous avions choisi	Nous choisirions	Que nous choisissions
Vous choisissez	Vous choisirez	Vous avez choisi	Vous choisissiez	Vous aviez choisi	Vous choisiriez	Que vous choisissiez
Ils/elles choisissent	Ils/elles choisiront	Ils/elles ont choisi	Ils/elles choisissaient	Ils/elles avaient choisi	Ils/elles choisiraient	Qu'ils/elles choisissent

Réussir

Présent	Futur simple	Passé composé	Imparfait	Plus-que-parfait	Conditionnel présent	Subjonctif présent
Je réussis	Je réussirai	J'ai réussi	Je réussissais	J'avais réussi	Je réussirais	Que je réussisse
Tu réussis	Tu réussiras	Tu as réussi	Tu réussissais	Tu avais réussi	Tu réussirais	Que tu réussisses
Il/elle/on réussit	Il/elle/on réussira	Il/elle/on a réussi	Il/elle/on réussissait	Il/elle/on avait réussi	Il/elle/on réussirait	Qu'il/elle/on réussisse
Nous réussissons	Nous réussirons	Nous avons réussi	Nous réussissions	Nous avions réussi	Nous réussirions	Que nous réussissions
Vous réussissez	Vous réussirez	Vous avez réussi	Vous réussissiez	Vous aviez réussi	Vous réussiriez	Que vous réussissiez
Ils/elles réussissent	Ils/elles réussiront	Ils/elles ont réussi	Ils/elles réussissaient	Ils/elles avaient réussi	Ils/elles réussiraient	Qu'ils/elles réussissent

Rire

Présent	Futur simple	Passé composé	Imparfait	Plus-que-parfait	Conditionnel présent	Subjonctif présent
Je ris	Je rirai	J'ai ri	Je riais	J'avais ri	Je rirais	Que je rie
Tu ris	Tu riras	Tu as ri	Tu riais	Tu avais ri	Tu rirais	Que tu ries
Il/elle/on rit	Il/elle/on rira	Il/elle/on a ri	Il/elle/on riait	Il/elle/on avait ri	Il/elle/on rirait	Qu'il/elle/on rie
Nous rions	Nous rirons	Nous avons ri	Nous riions	Nous avions ri	Nous ririons	Que nous riions
Vous riez	Vous rirez	Vous avez ri	Vous riiez	Vous aviez ri	Vous ririez	Que vous riiez
Ils/elles rient	Ils/elles riront	Ils/elles ont ri	Ils/elles riaient	Ils/elles avaient ri	Ils/elles riraient	Qu'ils/elles rient

Verbes irréguliers les plus fréquents

Avoir

Présent	Futur simple	Passé composé	Imparfait	Plus-que-parfait	Conditionnel présent	Subjonctif présent
J'ai	J'aurai	J'ai eu	J'avais	J'avais eu	J'aurais	Que j'aie
Tu as	Tu auras	Tu as eu	Tu avais	Tu avais eu	Tu aurais	Que tu aies
Il/elle/on a	Il/elle/on aura	Il/elle/on a eu	Il/elle/on avait	Il/elle/on avait eu	Il/elle/on aurait	Qu'il/elle/on ait
Nous avons	Nous aurons	Nous avons eu	Nous avions	Nous avions eu	Nous aurions	Que nous ayons
Vous avez	Vous aurez	Vous avez eu	Vous aviez	Vous aviez eu	Vous auriez	Que vous ayez
Ils/elles ont	Ils/elles auront	Ils/elles ont eu	Ils/elles avaient	Ils/elles avaient eu	Ils/elles auraient	Qu'ils/elles aient

Être

Présent	Futur simple	Passé composé	Imparfait	Plus-que-parfait	Conditionnel présent	Subjonctif présent
Je suis	Je serai	J'ai été	J'étais	J'avais été	Je serais	Que je sois
Tu es	Tu seras	Tu as été	Tu étais	Tu avais été	Tu serais	Que tu sois
Il/elle/on est	Il/elle/on sera	Il/elle/on a été	Il/elle/on était	Il/elle/on avait été	Il/elle/on serait	Qu'il/elle/on soit
Nous sommes	Nous serons	Nous avons été	Nous étions	Nous avions été	Nous serions	Que nous soyons
Vous êtes	Vous serez	Vous avez été	Vous étiez	Vous aviez été	Vous seriez	Que vous soyez
Ils/elles sont	Ils/elles seront	Ils/elles ont été	Ils/elles étaient	Ils/elles avaient été	Ils/elles seraient	Qu'ils/elles soient

Aller

Présent	Futur simple	Passé composé	Imparfait	Plus-que-parfait	Conditionnel présent	Subjonctif présent
Je vais	J'irai	Je suis allé(e)	J'allais	J'étais allé(e)	J'irais	Que j'aille
Tu vas	Tu iras	Tu es allé(e)	Tu allais	Tu étais allé(e)	Tu irais	Que tu ailles
Il/elle/on va	Il/elle/on ira	Il/elle/on est allé(e)	Il/elle/on allait	Il/elle/on était allé(e)	Il/elle/on irait	Qu'il/elle/on aille
Nous allons	Nous irons	Nous sommes allé(e)s	Nous allions	Nous étions allé(e)s	Nous irions	Que nous allions
Vous allez	Vous irez	Vous êtes allé(e)(s)	Vous alliez	Vous étiez allé(e)(s)	Vous iriez	Que vous alliez
Ils/elles vont	Ils/elles iront	Ils/elles sont allé(e)s	Ils/elles allaient	Ils/elles étaient allé(e)s	Ils/elles iraient	Qu'ils/elles aillent

Faire

Présent	Futur simple	Passé composé	Imparfait	Plus-que-parfait	Conditionnel présent	Subjonctif présent
Je fais	Je ferai	J'ai fait	Je faisais	J'avais fait	Je ferais	Que je fasse
Tu fais	Tu feras	Tu as fait	Tu faisais	Tu avais fait	Tu ferais	Que tu fasses
Il/elle/on fait	Il/elle/on fera	Il/elle/on a fait	Il/elle/on faisait	Il/elle/on avait fait	Il/elle/on ferait	Qu'il/elle/on fasse
Nous faisons	Nous ferons	Nous avons fait	Nous faisions	Nous avions fait	Nous ferions	Que nous fassions
Vous faites	Vous ferez	Vous avez fait	Vous faisiez	Vous aviez fait	Vous feriez	Que vous fassiez
Ils/elles font	Ils/elles feront	Ils/elles ont fait	Ils/elles faisaient	Ils/elles avaient fait	Ils/elles feraient	Qu'ils/elles fassent

Tableaux de conjugaison

Verbes irréguliers les plus fréquents

Prendre

Présent	Futur simple	Passé composé	Imparfait	Plus-que-parfait	Conditionnel présent	Subjonctif présent
Je prends	Je prendrai	J'ai pris	Je prenais	J'avais pris	Je prendrais	Que je prenne
Tu prends	Tu prendras	Tu as pris	Tu prenais	Tu avais pris	Tu prendrais	Que tu prennes
Il/elle/on prend	Il/elle/on prendra	Il/elle/on a pris	Il/elle/on prenait	Il/elle/on avait pris	Il/elle/on prendrait	Qu'il/elle/on prenne
Nous prenons	Nous prendrons	Nous avons pris	Nous prenions	Nous avions pris	Nous prendrions	Que nous prenions
Vous prenez	Vous prendrez	Vous avez pris	Vous preniez	Vous aviez pris	Vous prendriez	Que vous preniez
Ils/elles prennent	Ils/elles prendront	Ils/elles ont pris	Ils/elles prenaient	Ils/elles avaient pris	Ils/elles prendraient	Qu'ils/elles prennent

Connaître

Présent	Futur simple	Passé composé	Imparfait	Plus-que-parfait	Conditionnel présent	Subjonctif présent
Je connais	Je connaîtrai	J'ai connu	Je connaissais	J'avais connu	Je connaîtrais	Que je connaisse
Tu connais	Tu connaîtras	Tu as connu	Tu connaissais	Tu avais connu	Tu connaîtrais	Que tu connaisses
Il/elle/on connaît	Il/elle/on connaîtra	Il/elle/on a connu	Il/elle/on connaissait	Il/elle/on avait connu	Il/elle/on connaîtrait	Qu'il/elle/on connaisse
Nous connaissons	Nous connaîtrons	Nous avons connu	Nous connaissions	Nous avions connu	Nous connaîtrions	Que nous connaissions
Vous connaissez	Vous connaîtrez	Vous avez connu	Vous connaissiez	Vous aviez connu	Vous connaîtriez	Que vous connaissiez
Ils/elles connaissent	Ils/elles connaîtront	Ils/elles ont connu	Ils/elles connaissaient	Ils/elles avaient connu	Ils/elles connaîtraient	Qu'ils/elles connaissent

Verbes pronominaux

Se promener

Présent	Futur simple	Passé composé	Imparfait	Plus-que-parfait	Conditionnel présent	Subjonctif présent
Je me promène	Je me promènerai	Je me suis promené(e)	Je me promenais	Je m'étais promené(e)	Je me promènerais	Que je me promène
Tu te promènes	Tu te promèneras	Tu t'es promené(e)	Tu te promenais	Tu t'étais promené(e)	Tu te promènerais	Que tu te promènes
Il/elle/on se promène	Il/elle/on se promènera	Il/elle/on s'est promené(e)	Il/elle/on se promenait	Il/elle/on s'était promené(e)	Il/elle/on se promènerait	Qu'il/elle/on se promène
Nous nous promenons	Nous nous promènerons	Nous nous sommes promené(e)s	Nous nous promenions	Nous nous étions promené(e)s	Nous nous promènerions	Que nous nous promenions
Vous vous promenez	Vous vous promènerez	Vous vous êtes promené(e)(s)	Vous vous promeniez	Vous vous étiez promené(e)(s)	Vous vous promèneriez	Que vous vous promeniez
Ils/elles se promènent	Ils/elles se promèneront	Ils/elles se sont promené(e)s	Ils/elles se promenaient	Ils/elles s'étaient promené(e)s	Ils/elles se promèneraient	Qu'ils/elles se promènent

S'arrêter

Présent	Futur simple	Passé composé	Imparfait	Plus-que-parfait	Conditionnel présent	Subjonctif présent
Je m'arrête	Je m'arrêterai	Je me suis arrêté(e)	Je m'arrêtais	Je m'étais arrêté(e)	Je m'arrêterais	Que je m'arrête
Tu t'arrêtes	Tu t'arrêteras	Tu t'es arrêté(e)	Tu t'arrêtais	Tu t'étais arrêté(e)	Tu t'arrêterais	Que tu t'arrêtes
Il/elle/on s'arrête	Il/elle/on s'arrêtera	Il/elle/on s'est arrêté(e)	Il/elle/on s'arrêtait	Il/elle/on s'était arrêté(e)	Il/elle/on s'arrêterait	Qu'il/elle/on s'arrête
Nous nous arrêtons	Nous nous arrêterons	Nous nous sommes arrêté(e)s	Nous nous arrêtions	Nous nous étions arrêté(e)s	Nous nous arrêterions	Que nous nous arrêtions
Vous vous arrêtez	Vous vous arrêterez	Vous vous êtes arrêté(e)(s)	Vous vous arrêtiez	Vous vous étiez arrêté(e)(s)	Vous vous arrêteriez	Que vous vous arrêtiez
Ils/elles s'arrêtent	Ils /elles s'arrêteront	Ils/elles se sont arrêté(e)s	Ils/elles s'arrêtaient	Ils/elles s'étaient arrêté(e)s	Ils/elles s'arrêteraient	Qu'ils/elles s'arrêtent

Unité 0

Se présenter/Présenter quelqu'un

Je me présente. Je suis Tiken Jah Fakoly.
Je m'appelle Jules.
Je suis le frère de Patricia.
Moi, c'est Abdel.
Je vous présente une grande chanteuse québecoise : Céline Dion.
Voici un autre grand sportif : Tony Parker.
Voilà Anouk, ma sœur.

Décrire ses intérêts

Qu'est-ce que tu aimes faire ?
Quels sont tes loisirs ?
Moi, ce que j'aime surtout, c'est sortir avec mes amis.
J'aime beaucoup la musique.
Je voudrais être photographe.
Je regarde la télé, mais ce n'est pas mon activité principale.
Je vais au cinéma au moins deux fois par semaine.
Je vais très souvent au musée.
Je fais de la guitare électrique.
J'adore la peinture aussi.
Je suis une amoureuse des animaux.
J'ai une passion depuis deux ans : la photo.
Je suis (un grand) passionné d'équitation.
Je suis fou de véhicules à deux roues.
Je suis fan des films d'action.
L'Art, c'est ma vie !
Je ne peux pas vivre sans musique.
Je ne sors jamais sans mon appareil photo.
Je ne rate jamais les expositions temporaires au musée.

Raconter ses vacances

Que fais-tu pendant les vacances ?
Où vas-tu pour les vacances ?
Quelle est ta destination préférée ?
Qu'est-ce que tu aimes faire le plus pendant tes congés ?
Quelles activités pratiques-tu pendant tes vacances ?
Je me promène. Je fais du tourisme.
Je suis un vrai touriste.
Moi, je me repose.
Je rencontre de nouvelles personnes.

Donner son emploi du temps

Qu'allez-vous faire du 15 au 30 juillet ?
À quelle heure va-t-il arriver ?
Quel jour rentre-t-elle chez elle ?
Quand pouvons-nous nous rencontrer ?
Le 15 juillet, on restera chez moi.
Du 16 au 18 juillet, nous irons chez mes grands-parents.

Unité 1

Exprimer ses opinions

J'adore les concerts !
J'aime beaucoup les chansons de ce groupe.
C'est une très bonne chanteuse et ses musiciens sont fantastiques !
L'acoustique de cette salle de concert est formidable !

Parler d'un concert

On va voir un concert ce soir.
On va voir Fauve en concert ce week-end !
Le batteur a lancé ses baguettes dans le public !
Elle a chanté ses plus grands succès.
Tout le monde connaissait les paroles et chantait ses chansons !
Il s'est placé trop près des enceintes, maintenant il a mal aux oreilles,
il a les oreilles qui sifflent, il a comme des acouphènes,
des bourdonnements dans les oreilles. Tu sais, on peut devenir sourd !

Parler de musique ou de téléchargement

J'ai créé une *playlist* de mes morceaux préférés.
Elle télécharge gratuitement des chansons.
On peut échanger notre musique.
J'écoute souvent ma musique en *streaming*, en ligne.
Je vais sur des sites comme Youtube pour regarder des clips vidéo.
J'écoute mes CD sur un lecteur MP3 ou sur mon smartphone.
Je viens d'acheter un casque/des écouteurs pour écouter de la musique.
Vincent est DJ, il passe des vinyles sur une platine.

Parler de mode

Oui, je suis la mode./Non, je ne suis pas la mode.
J'aime être remarqué(e) par les autres. Je tiens souvent compte
du regard des autres.
Si on ne suit pas la mode, on peut être rejeté(e) par les autres
et mis(e) à l'écart.
Elle achète souvent des vêtements de marque et lui, c'est pareil,
il a toujours des fringues griffées.
Il vaut mieux avoir un look branché plutôt qu'un style classique.

Actes de communication

Unité 2

Exprimer l'interdiction

C'est difficile de trouver un premier travail.
Moi, je veux un pays où il est interdit de polluer.
C'était la journée internationale contre la discrimination raciale.
Le maire a rappelé que le racisme et les discriminations étaient
des délits punis par la loi.
La mairie a proposé un documentaire sur les grands personnages
de la lutte contre le racisme.
Il n'y a qu'une seule race : la race humaine.
Pour se déplacer, on essaye de prendre des moyens de transport
non polluants.
On ne va pas dans ces grands hôtels touristiques internationaux.
Vous expliquez pourquoi il est important de lutter contre la pollution.

Exprimer la possibilité ou la permission

Avant, c'était différent, on trouvait du travail plus facilement
que maintenant.
Mais, heureusement, il y a des secteurs où l'économie va bien.
Apprendre un métier technique est aussi une très bonne idée.
Pour Léa, c'est un devoir civique de les dénoncer.
De cette manière, on découvre mieux la région qu'on visite
et on y rencontre les personnes.
On peut les observer sur la plage quand elles viennent pondre
leurs œufs.
Sur les soixante jeunes ambassadeurs français qui voulaient partir
au Bénin, six ont été sélectionnés.

Donner des explications

Je pense que c'est le chômage dont les jeunes parlent le plus.
Je crois que pour les Français, c'est pareil.
Avant, je pensais que je devais absolument faire des études longues.
Mais la réalité est très différente.
Mais le chômage n'est pas le seul problème pour la jeunesse :
le respect de la liberté de la presse est un thème très important
pour les jeunes Français.
L'objectif était de sensibiliser les jeunes aux problèmes du racisme,
de l'intolérance et de l'exclusion.
Après le débat, des jeunes, victimes de racisme et de discrimination,
sont venus témoigner : ils ont parlé de leur vie au quotidien
et des problèmes qu'ils rencontraient quelquefois.
De retour en France, ils témoigneront de ce qu'ils ont vu,
de ce qu'ils ont appris et de ce qu'ils ont compris.
Chacun a choisi de parler du sujet qui l'a le plus touché.

Unité 3

Parler des problèmes de santé liés à l'alimentation

Je me sens mal.
J'ai mal au ventre.
J'ai vomi toute la nuit, je suis inquiet.
Je suis allergique au lait de vache.
J'ai développé une allergie alimentaire aux céréales
ces dernières années.
Je dois aller voir mon nutritionniste pour faire des analyses.

Avertir, donner des conseils

Tu ne devrais pas manger autant, tu devrais faire un régime.
Il faut limiter ses repas pour ne pas grossir.
Il faudrait manger moins de produits gras et sucrés,
qui sont très caloriques.
À ta place, je cuisinerais plus souvent des repas équilibrés.
Si tu ne manges pas de fruits ou de légumes, tu développeras
de nombreuses maladies.
Je te conseille d'aller voir ton médecin pour faire des analyses
médicales.
Quand on est allergique, on doit faire attention à tout
ce qu'on mange.

Décrire une recette de cuisine

Je bats les blancs en neige au batteur électrique.
J'ajoute la levure.
Je mélange le beurre et le sucre.
Je décongèle la pâte à tarte.
J'égoutte les fruits au sirop.
J'épluche les pommes et je les coupe en morceaux.
Je beurre le moule, je verse la préparation et j'enfourne à 150 ° C.
Je démoule la tarte et je la sers avec une cuillère de crème fraîche
ou une boule de glace.

Parler de la gastronomie

C'est un vrai gastronome : il adore les restaurants étoilés.
Cette spécialité gastronomique est un délice : je me régale !
J'ai appris à cuisiner avec un grand chef dans une école hôtelière.
Je suis très gourmand. J'adore déguster des plats traditionnels.

Parler des changements dans la société

Il y a de moins en moins de choix sur les marchés. Avant, on trouvait
de tout ; maintenant le choix est limité.
Avant, il n'y avait pas de produits biologiques, c'est devenu
à la mode ces dernières années.

On fréquente de moins en moins le commerçant de proximité,
il est en voie de disparition.
2 % des petits commerces ont disparu dans le département.
Les commerces non alimentaires enregistrent la plus forte chute,
d'au moins 8 %.
Les grandes surfaces non alimentaires se développent dans les zones
commerciales et la tendance devrait se poursuivre.
Il n'y avait jamais eu autant d'émissions de télévision sur la cuisine
avant aujourd'hui.
Avec les émissions de téléréalité culinaire, le comportement
des familles a évolué.

Parler de la télévision

J'allume la télé dès que je me lève.
Je suis un adepte du zapping.
Je suis un accro de la télé.
Je ne peux pas me passer de la télévision.
M6 est ma chaîne préférée.
Je suis né(e) avec une télécommande dans la main.

Parler de la presse

Tous les matins, je lis le journal.
Je ne lis que des magazines de mode.
Je suis abonné(e) à plusieurs revues.
J'achète souvent des magazines au kiosque.

Unité 4

Parler d'Internet et des ordinateurs

J'utilise mon smartphone tout le temps.
Je suis connecté(e) à Internet du matin au soir.
J'aime bien consulter le site Google actus.
Tout le monde utilise les réseaux sociaux.
Tu dois mieux contrôler ton profil.
Grâce à ma tablette tactile, je suis connecté(e) en permanence.
J'utilise beaucoup d'applications : Facebook, mais aussi Twitter
et Skype.
Je télécharge beaucoup de films sur des sites spécialisés.
J'envoie des e-mails.
Je consulte mes e-mails sur mon téléphone.
Mon ordinateur est allumé toute la journée.
Je passe environ sept heures par jour devant mon ordinateur.
Je discute sur les forums.
Je chatte sur MSN.
Je suis inscrit(e) sur Facebook et sur d'autres réseaux sociaux.
Je viens de me désabonner de Facebook.

Je fais des recherches sur Internet.
Je suis inscrit(e) à plusieurs groupes de discussion.
Je suis abonné(e) à Twitter.
J'ai un compte Facebook.

Parler de la radio

De temps en temps, j'écoute la radio.
J'écoute les flashs infos, la musique et la météo.

Donner son avis

Je n'ai rien contre Facebook.
Je crois que les réseaux sociaux ne nous apportent rien de bon.
Je ne suis pas totalement d'accord avec toi.
Je ne suis pas d'accord avec ce journaliste.
Il a un esprit critique.
J'ai un avis sur la question.
J'aime comparer les points de vue sur les forums.
Je multiplie les sources d'information grâce à Internet.
Je me suis fait ma propre opinion.
Pour moi, Internet est devenu indispensable.
Je pense que les parents devraient contrôler les ordinateurs
de leurs enfants.
Je trouve que les émissions de téléréalité sont stupides.
À mon avis, il faudrait interdire ce genre de journaux.
Je ne pense pas qu'il faille supprimer les réseaux sociaux.
Je ne crois pas que cette émission soit intéressante.
Je ne suis pas d'accord avec toi.

Unité 5

Donner des conseils

Pour avoir une planète verte, tout le monde devrait s'y mettre !
Il faudrait préférer la marche ou le vélo et, pour les trajets plus longs,
les transports en commun (bus, train).
Pour économiser l'eau, réparez les robinets qui ont des fuites d'eau.
Pour moi, il est indispensable d'utiliser les énergies renouvelables.

Interdire

Il devrait être formellement interdit d'utiliser sa voiture
pour des courtes distances.
Arrêtons de consommer du pétrole !
Il faut arrêter de consommer de l'énergie nucléaire.

Actes de communication

Parler des causes et des conséquences

D'après moi, les populations de la campagne viennent vivre en ville et, pour cette raison, nous vivons une époque de pollution.

À cause de la déforestation, les réserves d'eau diminuent et les terres cultivables disparaissent. Par ailleurs, la chasse et la pêche intensive fragilisent également la biodiversité de mon île tropicale. Tout cela va provoquer la sécheresse et menacer l'équilibre écologique.

À mon avis, la pollution sonore et la pollution de l'air entraînent l'augmentation du nombre de maladies.

L'industrialisation et l'agriculture non biologique sont mises en cause car les usines et les agriculteurs qui utilisent des engrais chimiques rejettent leurs déchets et des bactéries nocives dans les sols.

Il me semble que l'homme et la pollution sont à l'origine de l'augmentation du taux de mortalité des abeilles.

Pour moi, ce sont, d'une part, les conditions climatiques et, d'autre part, l'intervention de l'homme sur les ressources naturelles qui ont engendré cette situation.

L'augmentation de la population provoque un surpâturage et la disparition des forêts naturelles.

Prendre position sur un thème et raisonner en argumentant

Pour sauvegarder l'environnement, Karine pense qu'il faut souvent sortir ses ordures ménagères.

Pablo trouve que les énergies renouvelables comme les éoliennes sont polluantes.

Alors, pour moi, protéger l'environnement, c'est penser au futur.

D'après moi, il est indispensable d'utiliser les énergies renouvelables.

Selon moi, les OGM sont nocifs et menacent réellement les rivières, les mers et les océans de la planète ; ce qui va aboutir à la disparition complète des espèces animales.

Unité 6

Exprimer ses sentiments, ses émotions

Je suis vraiment heureux que tu aimes le Vélib' !

Les Franciliens sont contents que les systèmes de location de vélo existent.

Je suis furieux que les voitures continuent à polluer.

Sarah est ravie que ses parents achètent une voiture électrique.

Les astronautes ont peur que leur opération ne réussisse pas.

Je crains que le tourisme spatial soit toujours trop cher.

Je doute qu'on puisse un jour voyager sur toutes les planètes.

Mettre en relief, insister

C'est Nicolas qui utilise le Vélib' chaque jour.

Pour ne pas polluer, ce qui est préférable, c'est de se déplacer en transport en commun.

C'est une télévision en 3D que je voudrais acheter.

Ce sont les nouvelles technologies qui se sont le plus développées au XXᵉ siècle.

C'est l'astronomie qui me passionne.

Pour pouvoir voyager dans l'espace, ce qu'il faut, c'est être milliardaire !

Comparer, opposer

J'adore les sciences. Pourtant, je rate toujours mes examens de physique !

Léa adore circuler en Vélib'. Par contre, elle déteste prendre le métro.

Le système Vélib' existe depuis peu de temps. Cependant, il a déjà beaucoup de succès.

Voyager dans l'espace est vraiment exceptionnel. En revanche, il y a beaucoup de contraintes dans une navette spatiale.

Il n'y a pas d'eau courante dans l'espace. Malgré tout, l'hygiène est nécessaire.

Exprimer la durée

Il vit en Guyane depuis cinq ans, il est très heureux.

Il a habité à Kourou pendant cinq ans, maintenant il habite à Mexico.

Il est arrivé à Budapest, en Hongrie, il y a une dizaine d'années.

Il ira à Madrid dans quelques jours.

Parler du futur, spéculer

Comment voyagerons-nous demain ? Où irons-nous passer nos vacances ?

Peut-être qu'un jour vous pourrez vous offrir des vacances sur une autre planète.

Je pense que dans un avenir relativement proche, ce ne sera plus un robot mais bien l'homme qui mettra le pied sur Mars !

Je pense que bientôt on ne conduira plus que des voitures électriques pleines de technologie.

Il y a des chances pour que la voiture du futur ait un nouveau look, plus moderne, et des options à la pointe de la technologie.

On travaille au développement de voitures qui se conduisent toutes seules, sans intervention du conducteur.

Les créateurs de l'ETT sont confiants et déclarent que ce type de voyage sera possible dans une décennie et révolutionnera le transport.

On pourrait voyager de New York à Pékin en seulement 2 heures ou bien faire un tour du monde en 6 heures !

Compréhension orale

 Écoutez le dialogue.

 Répondez aux questions.

ⓐ Combien de temps Paco a-t-il passé au Mexique ?

ⓑ Avec qui est-il parti ?
    1. Ses amis mexicains.   2. Des élèves de sa classe.   3. Les jeunes d'une association.

ⓒ Quel type de tourisme Paco a-t-il fait ?

ⓓ De quoi était constitué le programme dont parle Paco ? (Deux réponses)

ⓔ Quelles régions Paco a-t-il visitées et quelles activités a-t-il pratiquées ?

Régions visitées	Activités pratiquées
1.	
2.	
3.	

ⓕ Que va devoir faire Paco dans deux semaines ?

ⓖ Paco est surpris quand Julie lui parle de ses vacances car elle a fait :
    1. de l'écotourisme.
    2. des visites culturelles.
    3. un voyage au Mexique.

ⓗ Où Julie passait-elle ses soirées ?

 Production orale

Vous dégagerez le thème proposé dans cet article. Vous présenterez votre opinion sous la forme d'un petit exposé.

• L'examinateur vous posera ensuite quelques questions.

Les jeunes d'aujourd'hui ont-ils des idéaux ?

Les jeunes seraient-ils de plus en plus individualistes ? S'éloignent-ils du militantisme et des idéaux transmis par les syndicats, les partis politiques et les associations ? Aujourd'hui, on dit que les jeunes sont paresseux, qu'ils ne s'intéressent à rien et qu'ils ne pensent qu'à leur propre personne. Leur engagement collectif serait-il devenu très limité ? Non ! Les jeunes ne sont pas aussi égoïstes qu'on le dit. Ils adoptent des formes de participation différentes d'il y a 20 ou 30 ans, quand les jeunes étaient très proches des partis politiques. Moins engagés politiquement, les jeunes d'aujourd'hui sont des militants sociaux. Ils se battent pour des causes et des idéaux plus généraux. Plus proches de l'écologie, du respect de la nature, des droits de l'homme et de la cause animale, les jeunes ont inventé un militantisme international. Et toi, qu'en penses-tu ?

D'après Ado Magazine, juillet 2012.

Compréhension écrite

1 Vous chantez et recherchez des musiciens de 17 à 20 ans qui ont déjà 2 ans minimum d'expérience. Vous aimeriez chantez dans un groupe où il y a au moins une fille.
Vous souhaitez faire vos répétitions à Paris, dans le 18e arrondissement. Et vos disponibilités pour les répétitions sont les mercredis ou samedis après-midi. Lisez les annonces suivantes.

Annonce 1

Groupe de rock cherche chanteur ou chanteuse. Nous sommes 3 garçons de 19 ans (batteur, guitariste et synthé) et une fille de 18 ans (bassiste). Nous avons déjà fait plusieurs concerts dans la région. Nous répétons tous les samedis dans le 14e près de la gare Montparnasse.

Contact : Fred au 06 56 76 89 00

Annonce 2

Nous sommes 5 garçons (15-16 ans), nous recherchons un(e) chanteur/euse pour créer un groupe de musique rock. C'est notre premier groupe, donc on recherche quelqu'un qui a un peu d'expérience pour nous conseiller ! Nous répétons dans le 18e tous les mercredis (on peut aussi trouver des samedis libres).

Contact : carlos@caramel.fr

Annonce 3

Salut, je fais partie d'un groupe de rock depuis 4 ans. Nous avons fait pas mal de concerts sur Paris et en région parisienne. Nous recherchons un chanteur ou une chanteuse entre 17 et 20 ans pour nos prochains concerts. Dans le groupe, il y a deux garçons (bassiste et guitariste) et deux filles (batteuse et guitariste). Nous nous retrouvons tous les samedis après-midi dans le 18e pour répéter.

Contactez-moi au 06 44 57 32 45
ou par mail à nevimoro@coldmail.com

Annonce 4

Groupe rock cherche chanteur/euse. Sans expérience, nous commençons nos répétitions tous les mardis soirs dans le 15e arrondissement. Nous sommes 4 filles de 16 ans.
Si vous cherchez un groupe et que vous aimez chanter, n'hésitez pas à nous contacter.

Louisa : 06 44 32 12 12 ou Marina : marinaia@gmel.com

2 Dites si les annonces correspondent à vos exigences.

	Annonce 1	Annonce 2	Annonce 3	Annonce 4
	Oui ou Non	Oui ou Non	Oui ou Non	Oui ou Non
Âges des musiciens				
Nombre d'années d'expérience				
Présence d'au moins 1 fille				
Lieu des répétitions				
Jours des répétitions				

3 Quelle annonce allez-vous choisir ?

Production écrite

1 **Lisez ce message laissé sur un forum.**

Forum

Hier soir, je suis allé à une soirée organisée par des amis de mon lycée. À un moment, j'ai écouté une conversation entre filles : elles parlaient de mode, de style, etc.
Il y en a une qui disait que, pour être accepté dans un groupe, il faut suivre la mode. L'autre n'était pas tout à fait d'accord avec elle, mais elle disait que c'est important d'avoir un bon style, même si ce n'est pas à la mode (style rock ou gothique, etc.).
Moi, franchement, je me suis dit que cette conversation était stupide et que l'important, c'est de connaître les personnes, peu importe leur tenue vestimentaire.
J'aimerais bien avoir votre avis. Alors, à plus sur le Net !

Max@youpi.fr

2 **Vous répondez au message de Max.**
Dites ce que vous pensez de la conversation qu'il a entendue.
Dites si vous êtes d'accord avec lui ou pas et expliquez pourquoi. (180 mots)

Compréhension orale

1 Écoutez le document.

2 Répondez aux questions.

ⓐ En quelle année la première émission
de téléréalité a-t-elle été diffusée en France ?
- En 2000.
- En 2001.
- En 2011.

ⓑ Comment s'appelait la première émission de téléréalité diffusée sur la chaîne M6 ?
- *Loft Story.*
- *Master Chef.*
- *La Nouvelle Star.*

ⓒ Qu'a provoqué la diffusion de la première émission de téléréalité ?

ⓓ Pourquoi les émissions de téléréalité ne coûtent-elles pas cher aux producteurs ?

ⓔ Comment les chaînes de télévision gagnent-elles de l'argent avec la téléréalité ?
- Les candidats payent pour participer à l'émission.
- Les spectateurs payent pour élire leur candidat préféré.
- Les producteurs payent pour faire la publicité de l'émission.

ⓕ Qu'est-ce que Camille trouve intéressant dans l'émission *La Nouvelle Star* ?

ⓖ Que pense Mounia des émissions comme *Loft Story* ou *Nice People* ?

ⓗ Que pense Camille de la téléréalité ?
- Cela permet aux jeunes talents de se faire connaître.
- Les candidats participent uniquement pour gagner de l'argent.
- C'est très intéressant financièrement pour les chaînes de télévision.

ⓘ Quelle est la conclusion faite par le journaliste ?

Production orale

1 Jeu de rôle

Votre meilleur(e) ami(e) se nourrit mal. Il/elle mange souvent dans les fast-foods
et il/elle a beaucoup grossi ces derniers mois.
Vous lui donnez des conseils pour mieux manger.

Présentation d'un point de vue

Lisez le texte suivant, présentez-le à l'oral et donnez votre opinion.

> Savoir cuisiner, pour soi et dans le regard des autres, est très positif, affirment 86 % des Français interrogés par l'institut de sondage OpinionWay.
>
> En dix ans, la cuisine est passée du statut de « tâche ménagère peu plaisante, comme le repassage ou le ménage, à celui d'activité valorisante », a souligné Nicolas Bergerault, fondateur en 2004, avec son frère François, de l'Atelier des Chefs, qui propose des cours de cuisine.
>
> L'une des surprises de ce sondage est le nombre de Français qui se disent compétents en cuisine : 74 % se qualifient de bons ou très bons cuisiniers.
>
> La cuisine offre des moments de bonheur collectifs, avec cette joie supplémentaire de « faire soi-même », souligne ce sondage.
>
> Cuisiner « envoie une image positive de soi-même, permet de se mettre un peu en avant, de montrer un talent en société et c'est aussi une forme de culture », d'après le sociologue Ronan Chastellier.
>
> *D'après le site* www.20minutes.fr, *9 février 2012.*

 Compréhension écrite

 Lisez le texte.

Les Français gagnés par la malbouffe* !

Dans un récent rapport, le Haut Comité de la santé publique fait un bilan assez moyen de l'alimentation des Français d'aujourd'hui : trop de viandes et de graisses animales, pas assez de céréales et de légumes secs, des repas trop salés, le grignotage devant la télévision en hausse, les repas traditionnels en baisse… Comment améliorer la situation ?

Un bouleversement des habitudes alimentaires

Les habitudes alimentaires des Français ont, en effet, beaucoup changé depuis les années 1950 et, si certaines de ces modifications comportent des aspects positifs (par exemple, les repas sont aujourd'hui plus diversifiés et la consommation de légumes et de fruits est plus importante qu'il y a un demi-siècle), d'autres sont moins bénéfiques. Ainsi, nos apports caloriques ont globalement diminué, ce qui est plutôt une bonne chose car, parallèlement, nos dépenses énergétiques ont également diminué, mais nos repas sont trop riches en graisses animales et trop sucrés.

Trop de sel, trop de sucre...

La consommation de plats riches en sucres, comme les gâteaux et les glaces, est passée de 1 kg par an et par habitant en 1960 à 14 kg par an et par habitant aujourd'hui ! En revanche, les Français mangent peu d'aliments riches en glucides lents comme les céréales, les légumes secs, les pâtes et les pommes de terre, dont la consommation est pourtant recommandée par tous les nutritionnistes.
Une consommation trop importante de sel semble aussi concerner une part importante de la population : 10 à 20 % des Français consommeraient plus de 12 grammes de sel par jour.
Ces mauvaises habitudes alimentaires, associées au manque d'activité physique, entraînent une hausse importante du nombre d'obèses (7 à 10 % des adultes et 10 à 12,5 % des enfants de 5 à 12 ans).

Des fontaines à eau contre les sodas

Comment améliorer l'alimentation des Français ? Les spécialistes proposent toutes sortes de moyens pour y parvenir. Certains sont classiques : diffusion d'un guide alimentaire, lancement de campagnes d'information auprès du public et des professionnels de santé...
D'autres le sont moins : l'interdiction des distributeurs de sodas dans les établissements scolaires et l'installation, pour les remplacer, de fontaines à eau. Fruits à volonté et produits laitiers pourraient également être proposés aux jeunes élèves au goûter de l'après-midi.

D'après le site www.doctissimo.fr

* La malbouffe : mauvaise alimentation.

 Répondez aux questions.

ⓐ Comment est le bilan réalisé par le Haut Comité de la santé publique ?
    1. Positif.   2. Négatif.

ⓑ Les Français mangent trop de :
    1. pain.   2. viande.   3. céréales.

(c) Quelle forme de repas a diminué ?

(d) Quels sont les changements positifs dans les repas des Français aujourd'hui ?

(e) Qu'est-ce qui a le plus augmenté entre 1960 et aujourd'hui ?

(f) Quels aliments sont riches en glucides lents ?

(g) En plus des plats riches en sucres, que consomment en trop grande quantité les Français ?

(h) Quelle est la conséquence des mauvaises habitudes alimentaires et du manque de sport ?

(i) Quelles solutions sont proposées pour améliorer l'alimentation des élèves dans les écoles ?

Production écrite

1 **Vous lisez cet article sur le forum du lycée.**
Vous décidez d'intervenir sur le forum
en donnant votre opinion sur les réseaux sociaux. (160 à 180 mots)

Pour ou contre les réseaux sociaux ?

Apparus dans les années 2000 (Linkedin et Myspace en 2003, Facebook en 2004), les réseaux sociaux ont immédiatement séduit les jeunes. Aujourd'hui, dès la sortie des cours, les lycéens se jettent sur leur téléphone portable, qui les relie à des centaines « d'amis ».
Les adultes se posent beaucoup de questions sur ces nouvelles pratiques. Certains pensent que les jeunes risquent de s'isoler, d'autres les considèrent comme un outil efficace pour s'ouvrir au monde.

Compréhension orale

1 Écoutez le document.

2 Répondez aux questions.

ⓐ Que signifie VAE ?

ⓑ Quels éléments différencient le VAE d'un vélo traditionnel ? (plusieurs réponses possibles, deux réponses attendues)

ⓒ Quelle information les capteurs donnent-ils ?
1. Le type de route.
2. La vitesse du cycliste.
3. La température extérieure.

ⓓ À quelle partie du vélo les capteurs envoient-ils des informations ?

ⓔ Pourquoi ces informations sont-elles utiles pour le cycliste ?

ⓕ Le VAE et le vélo traditionnel sont identiques sur deux points. Lesquels ?

ⓖ Le VAE :
1. est réservé aux sportifs.
2. s'adresse aux personnes âgées.
3. peut être utilisé par tout le monde.

ⓗ D'après certaines études, que permet la pratique du VAE ?

ⓘ Un VAE est :
1. plus économique qu'une voiture.
2. moins cher qu'un vélo traditionnel.
3. aussi écologique qu'un vélomoteur.

ⓙ Frédérique :
1. est très favorable au VAE.
2. émet des réserves sur le VAE.
3. utilise déjà régulièrement le VAE.

Vous dégagerez le thème soulevé par le document ci-dessous.
Vous présenterez ensuite votre opinion sous la forme d'un petit exposé de 3 minutes environ.

• L'examinateur pourra vous poser quelques questions.

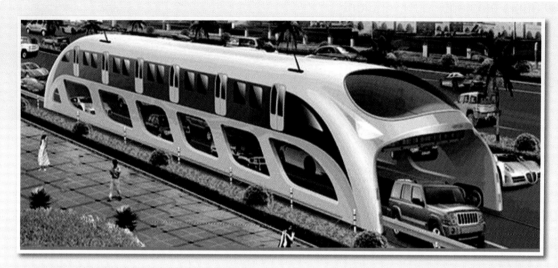

La Chine aurait peut-être trouvé la solution écologique pour améliorer la circulation dans ses villes. À Pékin, comme dans d'autres grandes villes du monde, des milliers de voitures circulent chaque jour, créant d'énormes embouteillages et rendant l'air difficilement respirable. Le projet de *Straddling Bus* pourrait résoudre une partie du problème. Ce bus ressemblerait à un grand tunnel qui circulerait au-dessus des voitures. Ses stations de bus seraient situées en hauteur, pour permettre aux véhicules de passer au-dessous, sans ralentir la circulation.

Autre avantage de ce moyen de transport : il serait écologique car il fonctionnerait à l'énergie solaire. Des panneaux photovoltaïques placés sur son toit fourniraient en effet l'électricité nécessaire pour avancer. Ce bus aérien mesurerait 6 mètres de long sur 5 mètres de large et pourrait transporter jusqu'à 1 400 personnes !

D'après le site www.geoado.com

Compréhension écrite

1 Lisez le texte suivant.

Dans quel monde vivra-t-on en 2050 ?

Même si cela peut sembler encore de la science-fiction, nous devons dès maintenant préparer l'Europe et la France à diviser par 4 leurs émissions de gaz à effet de serre d'ici à 2050. C'est la condition pour espérer stabiliser le dérèglement climatique. Dès aujourd'hui, nous devons faire les bons choix de société !

À quoi peut ressembler une vie en 2050, dans un monde ayant jugulé[1] ses gaz à effet de serre ?

Quelques pistes... Nous vivrons sans doute dans des logements très différents et plus ludiques[2]. Nos bâtiments deviendront des sources d'énergie, ils seront envahis de panneaux solaires. Les fenêtres deviendront intelligentes, elles seront transparentes le jour et lumineuses la nuit. Les bons vieux éclairages à interrupteur n'existeront plus, l'ambiance sera gérée automatiquement et avec moins de dépenses énergétiques.

Dans 50 ans, la voiture d'aujourd'hui aura disparu. Les transports seront beaucoup plus efficaces et très modulables. En ville, nous nous déplacerons en commun dans de petits véhicules ou en tramway. Pour aller d'une ville à l'autre, on se délassera[3] dans des TGV[4] bien plus rapides qu'aujourd'hui. Ils seront alimentés par des éoliennes disposées le long des voies. En revanche, il faudra probablement faire une croix[5] sur les voyages très lointains en avion car leur dépense énergétique continuera à être très coûteuse.

Que mangerons-nous dans 50 ans ?
Des bons produits locaux et de saison bien sûr ! La viande provoque beaucoup d'émissions de gaz à effet de serre à cause de l'énergie que sa production nécessite. Il faudra donc faire évoluer le goût de nos enfants et les habituer à un régime plus varié.

Ce monde sera différent du nôtre, mais il ne sera pas nécessairement moins agréable à vivre – bien au contraire ! Il reste à l'inventer et à le mettre en place assez vite. Car si l'humanité ne réduit pas ses gaz à effet de serre, le monde de 2050 sera nettement moins enthousiasmant : climat déréglé, tempêtes, canicules[6], réfugiés climatiques, guerres pour l'eau et le pétrole, misère extrême, destructions de la biodiversité...

1 juguler : arrêter le développement.   *3 se délasser : se reposer, se détendre.*   *5 faire une croix : renoncer.*
2 ludique : divertissant.   *4 TGV : Train à Grande Vitesse.*   *6 canicule : intense chaleur estivale.*

D'après un site sur l'environnement : www.dorffer-patrick.com.

2 Répondez aux questions.

ⓐ Quel est le but de ce document ?
1. Présenter des projets pour l'environnement de la France et de l'Europe pour 2050.
2. Imaginer des changements possibles dans un monde sans gaz à effet de serre.
3. Proposer des améliorations écologiques des transports en commun pour la ville.

ⓑ En ville, les habitants prendront :
1. leur véhicule personnel.
2. des transports en commun.
3. des voitures non polluantes.

ⓒ Les trajets d'une ville à une autre seront assurés par :
1. des tramways électriques.
2. les TGV d'aujourd'hui.
3. des trains encore plus rapides.

ⓓ Pourquoi les voyages en avion ne seront plus possibles ?
1. Parce que les personnes voyageront près de chez elles.
2. Parce que le coût énergétique restera très élevé.
3. Parce que il n'y aura plus de carburant.

ⓔ Quelle nourriture faudra-t-il privilégier pour nos enfants en 2050 ?

ⓕ Que pense l'auteur du monde qu'il décrit ?

ⓖ À quoi peut-on s'attendre si l'humanité ne ralentit pas l'émission de gaz à effet de serre ?

Production écrite

À votre avis, quels ont été les changements en faveur de l'environnement dans votre pays depuis 10 ans ? Ont-ils permis une amélioration de la qualité de vie ? Pourquoi ? Proposez d'autres solutions écologiques possibles. Vous écrirez un texte construit et cohérent sur ce sujet. (160 à 180 mots)

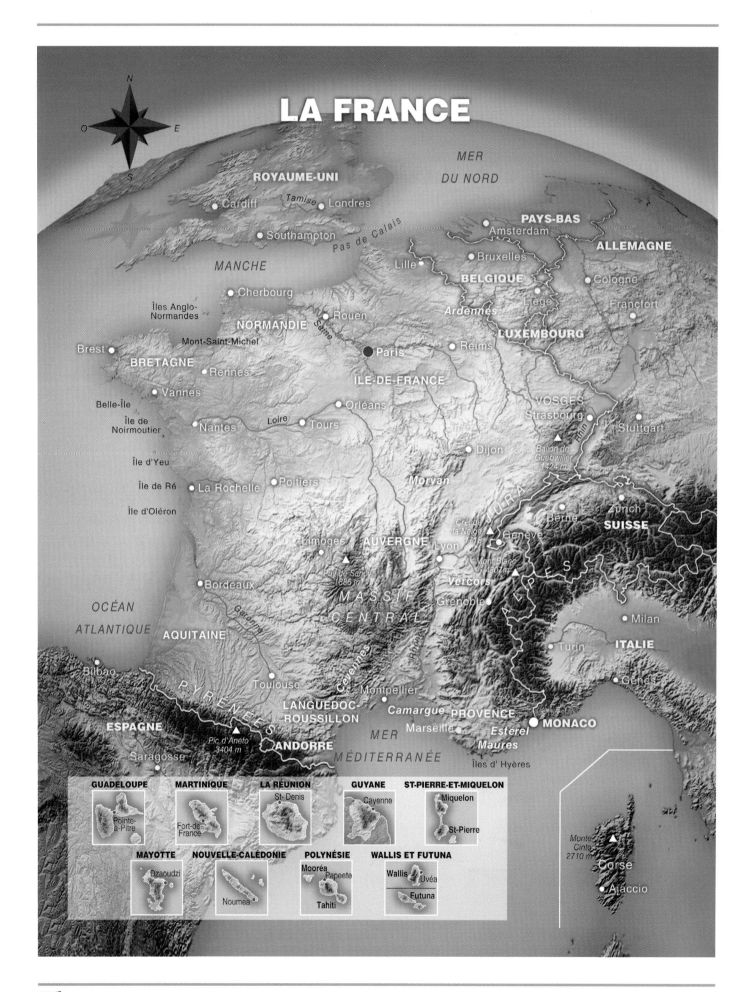

LA FRANCE

ROYAUME-UNI

MER DU NORD

Cardiff
Tamise • Londres

Southampton

Pas de Calais

PAYS-BAS
Amsterdam

ALLEMAGNE

Lille

Bruxelles

Cologne

MANCHE

BELGIQUE

Liège

Francfort

Cherbourg

Îles Anglo-Normandes

Rouen

NORMANDIE

Ardennes

Seine

LUXEMBOURG

Mont-Saint-Michel

Reims

Brest

BRETAGNE

Paris

ÎLE-DE-FRANCE

VOSGES
Strasbourg

Stuttgart

Rennes

Vannes

Rhin

Belle-Île

Orléans

Île de Noirmoutier

Loire

Tours

Nantes

Dijon

Ballon de
Guebwiller
1424 m

Île d'Yeu

Morvan

Île de Ré

Poitiers

La Rochelle

Zurich

Île d'Oléron

Berne

SUISSE

JURA

Crêt de
la Neige
1718

Limoges

AUVERGNE

Lyon

Genève

Mont Blanc
4807 m

OCÉAN
ATLANTIQUE

Puy de Sancy
1886 m

MASSIF

Vercors

CENTRAL

Bordeaux

Garonne

Grenoble

ALPES

Milan

AQUITAINE

Turin

ITALIE

Rhône

Bilbao

Cévennes

Gênes

PYRÉNÉES

Toulouse

Montpellier

LANGUEDOC-
ROUSSILLON

Camargue

PROVENCE

ESPAGNE

Pic d'Aneto
3404 m

ANDORRE

MER
MÉDITERRANÉE

Marseille

MONACO

Estérel
Maures

Saragosse

Îles d' Hyères

Monte
Cinto
2710 m

Corse

Ajaccio

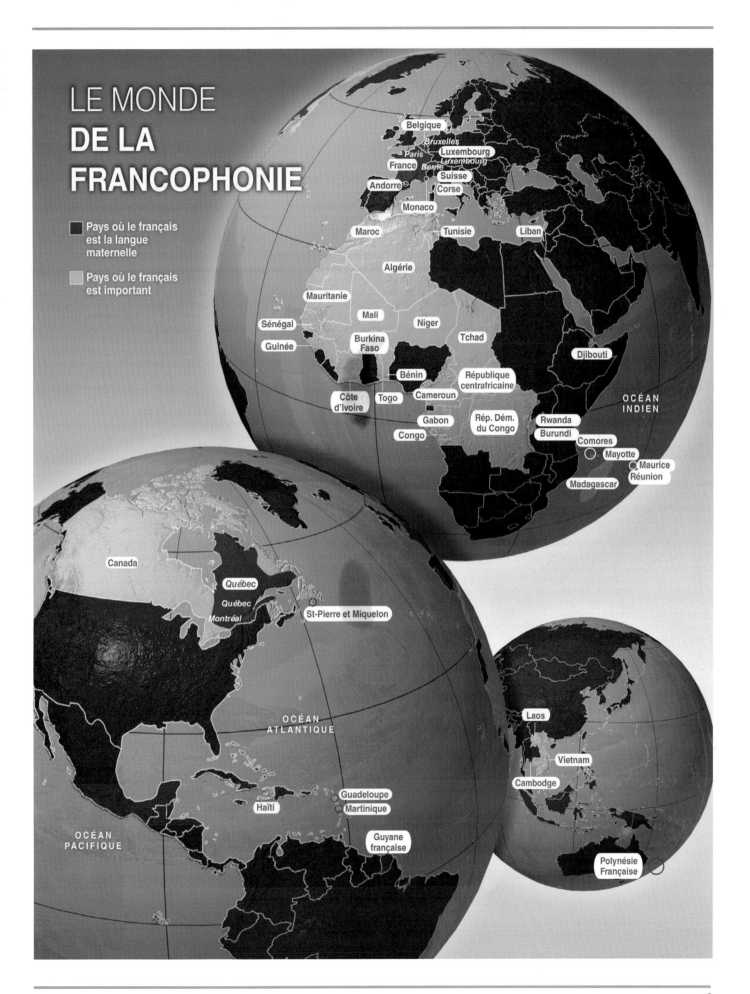

LE MONDE
DE LA
FRANCOPHONIE

- ■ Pays où le français est la langue maternelle
- ■ Pays où le français est important

Belgique
Bruxelles
Paris Luxembourg
Luxembourg
France Berne
Andorre Suisse
Corse
Monaco
Maroc Tunisie Liban
Algérie
Mauritanie
Mali Niger
Sénégal
Guinée Burkina Faso Tchad
Djibouti
Bénin
Côte d'Ivoire République centrafricaine
Togo Cameroun
Gabon Rép. Dém. du Congo Rwanda
Congo Burundi
Comores
Mayotte
Maurice
Réunion
Madagascar
OCÉAN INDIEN

Canada
Québec
Québec
Montréal
St-Pierre et Miquelon
OCÉAN ATLANTIQUE
Haïti Guadeloupe
Martinique
OCÉAN PACIFIQUE
Guyane française

Laos
Vietnam
Cambodge
Polynésie Française

Crédits photographiques

1ère de couverture g et p. 19 hd : Ph. Aka / Fotolia • 1ère de couverture mg et p. 31 ht : Ph. Yuri Arcurs / Fotolia • 1ère de couverture : md et p. 11 mhg : Ph. Auremar / Fotolia • 1ère de couverture d et p. 66 hg : Ph. Auremar / Fotolia • 7 ht de ht en bas : Ph. Auremar, Hugolacasse, Pict rIder / Fotolia • 8 ht g : Ph. © Valery Hache / AFP • 8 m : Ph. © Kambou Sia / AFP • 8 ht m : Ph. © François Lo Presti / AFP • 8 m d : Ph. © Pascal Le Secretain / Getty / AFP • 8 bas d : Ph. © Featureflash / Shutterstock • 11 ht de g à d et de ht en bas : Ispstock, Pavel Losevsky, Scoot Griessel, Rob Stark / Fotolia • 11 m g : Ph. Philartphace / iSTOCK • 11 m m : Ph. Ludovic Maisant / HEMIS • 11 bas, g, md, d : Ph. Gert Johannes Jacobus Vrey, Antonio Jorge NunesRoxana Gonzalez / Shutterstock • 11 m bg : Ph. Andrey Kiselev / Fotolia • 13 g : Ph. Biker / Fotolia • 13 d : Ph. Vibrant Image Studio / Shutterstock • 17 ht : Ph. Moodboard / 123rf • 17 m : Ph. © Image Source / PHOTONONSTOP • 17 bas : Ph. © Scott Griessel / 123rf • 18 g : Ph. © Simon Dubois / Fastimage • 18 d : Ph. © Michelle Pedone / Flirt / PHOTONONSTOP • 19 g : Ph. Dpaint / Fotolia • 19 m : Ph. Midani / Shutterstock • 19 bas g : 1. et 3. BIS/ Ph.Vanessa Martineau, Okea • 19 2. et 4 : Ph. JNT Visuel, Arsdigital / Fotolia • 20 ht g et htd, et bd : Ibphoto,Nicolo Caneparo, Philophoto / Fotolia • 20 bas g : BIS / Ph. Unclesam • 24 g : de g à d, 1. Ganko, 2. Aleksandr Ugorenkov, 3. Luky Dragon / Fotolia • 24 d 4. : Ph Ketrov / Shutterstock • 26 ht g : Ph. © RUE DES ARCHIVES / RDA • 26 ht d : Ph. © WWD / CONDE-NAST - REA • 26 m d : Ph. © Pierre Verdy Jean-Pierre Muller / AFP • 26 m g : Ph. © The New York Times / REA • 26 bas d : Ph. © Hendrick Ballhausen / CORBIS • 26 bas g : Ph. © Giovani Giannoni / WWD - REA • 27 : Ph. Guillaume Duris / Fotolia • 28 ht g : Ph. © Slugz / MJF Productions • 28 ht d : Ph. © Benoit TESSIER / MAXPPP • 28 bas g : Kells, Ph.Antony Dubois © Season of Mist-SoundWorks • 28 bas d : Ph. © PhotoPQR L'Alsace / Armelle Bohn / MAXPPP • 29 ht g : Ph. © Badias / ANDIA • 29 ht d : Ph. © Foc Kan / WireImage / GETTY IMAGES • 29 m g : Ph. © Santos / Alpaca / ANDIA • 29 m m : Ph. © Frederic Legrand-COMEO / Shutterstock • 29 m d : Ph. © Featureflash / Shutterstock • 29 bas g : Ph. © Alain Leroy / JerryComm • 29 bas d : Ph. © Simon Dubois / Fastimage • 30 : © ADCEP • 31 : Ph. © PhotoPQR / SUD OUEST / Jean Louis Duzert / MAXPPP • 31 bas : Ph. Lorlepen / Fotolia • 32 : Ph. Yuri Arcurs /123rf • 33 ht : Ph. Davor Ratkovic / 123rf • 33 bas : Ph. © Patrice Coppee / AFP • 38 ht g : BIS / Ph. Philippe Surmely • 38 ht d : Ph. Auremar / 123rf • 39 : Ph. Mangostock / Fotolia •

40 g : Ph. Image Source / Fotolia • 40 d et bd : Ph. © UNICEF • 41 ht : Ph. Paco Ayala / Fotolia • 41 bas d : Affiche du lycée Élie-Faure à Lormont • 42 ht : Ph. © James McCauley / REX FE / REX / SIPA • 42 ht d : Ph. © PM / PANORAMIC • 42 bas m : Ph. © Niviere / SIPA • 42 bas g : © Fondation MVE • 43 de ht en bas : Ph. © Jean-François Rault / Corbis ; Patrick Kovarik / Getty / AFP ; Thomas Coex / Getty / AFP ; cinemafestival / Shutterstock ; s_buckley / Shutterstock ; Eric Robert / Corbis • 45 de ht en bas : Sergejs Rahunoks, Liddy Hansdottir, Serg Zastavkin / Fotolia • 46 ht : Ph. Kzenon / Fotolia • 46 m : Ph. c1. Xiangdong, c2. Yasonya, c3. Subbotina Anna, c4. andrewsht / Fotolia, c5. BIS / Ph.Tatiana Popova, c6. Malyshchyts Viktar/ Fotolia • 46 bas d : 1 BIS / Ph. Aquariagirl 1970 • 46 bas d2 : BIS / Ph.Olga Shelego • 46 bas : Ph. d3. Yahia Loukkal, d4. Jean-Luc Girolet, d5. Alessio Cola, d6. Andersphoto / Fotolia • 47 de g à d, et de ht en bas : Ph. Elzbieta Sekowska, M.U.Ozmen, Unclesam, Elena Schweiter, Ibragimova / Fotolia • 47 bas d : Ph. FotografiaBasica / iSTOCK • 48 de g à d, et de ht en bas : Ph. Auremar, Guido Vrola, Empehun, Karandev, Fotofermer, Rydrych, Martine Wagner / Fotolia • 52 ht : Ph.© Culture Creative / PHOTO12. COM / ALAMY • 52 bas g : Ph.© Kadmy / Fotolia • 52 bas d : Ph.© Denis Allard / REA • 53 de ht en bas : Ph. Thaifairs, Dalaprod, Gennadiy Poznyakov / Fotolia • 54 : Ph.© PIERRE- OLIVIER / M6 • 55 de g à d, et de ht en bas : Ph. Lisa F.Young, ChantalS, M.Studio / Fotolia • 57 de g à d, et de ht en bas : Ph. M. Studio (2), Objectif Saveurs, Illustrez-vous, Brad Pict, Paul Binet, Alain Wacquier, Marco Mayer, FOOD-micro (2), Richard Villalon, Frog974, Marc Roche, Magalice, Richard Villalon / Fotolia • 59 de ht en bas : Ph. Iko, Fotolia XIV, Kirill Kedrinski / Fotolia • 60 de g à d, et de ht en bas : Ph. Photosani, Scanrail, Yahia Loukkal, Spinetta, Spaxiax, Sashkin / Fotolia • 61 : Ph. Rikilo / Fotolia • 62 de g à d : Ph. Ube, Badahos / Fotolia • 66 de ht en bas : Ph. Liravega, Petr Vaclavek / Fotolia • 68 ht g : Ph. Contrastwerkstat / Fotolia • 68 bas m : Ph. © M6 • 68 bas d : Ph. TV5MONDE • 69 bas : Ph. © Trueffelpix / Fotolia • 70 g : Ph. © jeystyle / Fotolia • 70 m : Ph. © Ropix / Fotolia • 70 d : Ph. © Alex Kalmbach / Fotolia • 71 ht : Ph. © Stephane Cardinale / Corbis • 71 bas de g à d et de ht en bas : Ph. Stock Creative, Lucky Dragon, Victoria P. / Fotolia • 73 de ht en bas : Ph. Philippe Giraud, Mweber67, Web Buttons Inc / Fotolia • 74 de g à d, et de ht en bas : Ph. d. Kirill Livshiskiy , b. Yellowj, c. Marc Cecchetti / Fotolia • 74 : a. BIS / Ph. Serg64, e. BIS / Ph. Carmen Ruiz, f. Ph. Nadezhda Shoshina / Shutterstock • 75 : Ph. Alexander / Fotolia • 76 de g à d, et de ht en

bas : Ph. a. GillesPaire, b. Dalaprod, c. 3355m, d. Hinnamsaisuy, e. Sascha Burkard, f. Mshch / Fotolia • 76 g : Ph. Mayo 5 / Istock • 77 ht Ph. © PhotoPQR / Le Telegramme / François Destoc / MAXPPP • 77 bas : Image extraite de la vidéomusique *Respire* de Mickey 3D, réalisée par Jérome COMBE et Stéphane HAMACHE. (p) 2003 EMI Music France. Avec l'aimable autorisation d'EMI Music France • 80 ht : Ph. © Nicolas- Alain Petit / BIOSPHOTO • 80 m g : Ph. © Zir / SIGNATURES • 80 bas d : Ph. © Paris C. / URBA IMAGES • 81 ht : Ph. a. EyeMar, d. Frédéric Guillet / Fotolia • 81 m ht : b. Ph. © Mark Leong / Reduc-REA • 81 ht d c. Ph. © Maille P. / URBA IMAGES • 82 ht : Ph. © Fayard • 82 bas : Ph. © Xinhua / ZUMA / REA • 83 ht g : Ph. © Wolfgang Kaeler / CORBIS • 83 ht d : Ph. Iuoman / Istock • 83 bas : Ph. © Jorgen Schytte / Still Pictures / BIOSPHOTO • 84 ht m : Ph. © Vladimir Liverts / Fotolia • 84 bas g : Ph. © KB3 / Fotolia • 84 bas d : Ph. © Patricia Lecomte / PICTURETANK • 85 ht : Ph. © kiono / Fotolia • 85 bas : Ph. © Agence François Leclercq architectes urbanistes / Agence Ter • 87 de ht en bas : Ph. Ericos, Haywire Media, Beboy / Fotolia • 88 : Ph. Mike Brown / Fotolia • 89 : Ph. Bruce Robbins / 123rf • 90 ht : Ph. © AP / SIPA PRESS • 94 de g à d, et de ht en bas : Ph.Toncsi, Rumkugel, Innovari, Jag_cz, Kovalenko Inna, Cobalt, FotoliaXIV, Beboy, Andrii Iurlov / Fotolia • 95 ht : Ph. Visaro / Fotolia • 95 bas : Ph. © Virgin Galaxy • 96 ht : © Nautilus / DR • 96 m g : Ph. © Coll. Maison d'Ailleurs / AGENCE MARTIENNE © Robert Gibson Jones / DR • 96 m m : Ph. Collection J.M. Arnold / BIS / Archives Nathan • 96 m d : Ph. © Bianchetti / LEEMAGE • 96 bas g : Ph. © Bianchetti / LEEMAGE • 96 bas d : BIS / Ph. Coll. Archives Nathan • 97 ht : © Enrico G. Agostoni / Fotolia • 97 bas : © LudChat • 98 : Ph. © Gilles Rolle / REA • 99 : © ETT • 117 : Ph. © Jean-Pierre Degas / HEMIS • 118 : Ph. © Radius Images / PHOTONONSTOP • 119 de g à d, et de ht en bas : Ph. Alena Root, 101images, Fancy, Vuvu / Shutterstock • 120 : Ph. Laurent Hamels / Shutterstock • 121 : Ph. CandyBox Images / Fotolia • 122 de g à d, et de ht en bas : Ph. M. Studio (2), Valeriy / Fotolia • 123 : Ph. © Robert Niedring / PHOTONONSTOP • 124 : Ph. © Quirky China News / Rex / SIPA PRESS.

N° de projet : 10246743
Imprimé en Juin 2018 par Bona Spa